衍生工具风险信息披露与
个体投资者的决策判断

何亚南　郑凯／著

立信会计 出版社
LIXIN ACCOUNTING PUBLISHING HOUSE

图书在版编目(CIP)数据

衍生工具风险信息披露与个体投资者的决策判断 /
何亚南，郑凯著. —上海：立信会计出版社，2021.10
（序伦财经文库）
ISBN 978 - 7 - 5429 - 6828 - 9

Ⅰ. ①衍… Ⅱ. ①何…②郑… Ⅲ. ①私人投资—风
险投资—研究 Ⅳ. ①F830.59

中国版本图书馆 CIP 数据核字(2021)第 215089 号

策划编辑　　窦瀚修
责任编辑　　赵志梅
封面设计　　南房间

衍生工具风险信息披露与个体投资者的决策判断
YANSHENG GONGJU FENGXIAN XINXI PILU YU GETI TOUZIZHE DE JUECE PANDUAN

出版发行	立信会计出版社				
地　　址	上海市中山西路 2230 号		邮政编码	200235	
电　　话	(021)64411389		传　　真	(021)64411325	
网　　址	www.lixinaph.com		电子邮箱	lixinaph2019@126.com	
网上书店	http://lixin.jd.com		http://lxkjcbs.tmall.com		
经　　销	各地新华书店				

印　　刷	江苏凤凰数码印务有限公司
开　　本	710 毫米×1000 毫米　　1/16
印　　张	15
字　　数	216 千字
版　　次	2021 年 10 月第 1 版
印　　次	2021 年 10 月第 1 次
书　　号	ISBN 978 - 7 - 5429 - 6828 - 9/F
定　　价	58.00 元

如有印订差错，请与本社联系调换

前　言

　　各国证券监管机构和会计准则制定机构均要求上市公司提供与衍生工具相关的风险信息,其目的是给投资者提供关于衍生工具的更充分的信息,帮助投资者更好地了解和评价上市公司所面临的风险。考虑到衍生工具风险的复杂性以及风险信息传递的困难程度,投资者是否能够充分利用上市公司所披露的风险信息以作出恰当的投资判断仍然有待检验。本书以心理学中的信息加工理论、认知拟合理论和风险感知理论为基础,采用实验研究的方法,检验了是否进行套期保值、套期保值比例和被套期项目的风险披露方式对个体投资者的投资判断的影响。

　　本书分为六章。第一章为绪论,对研究问题、研究背景、研究意义,以及研究框架、研究方法及创新等进行了说明;第二章为文献综述,系统梳理了目前国内外关于风险信息披露、衍生工具的使用及套期保值和信息披露方式的相关研究,并进行评述;第三章运用心理学中的信息加工理论、认知拟合理论和风险感知理论,分析了是否进行套期保值、套期保值比例和被套期项目的风险披露方式对个体投资者的投资判断的影响,并提出本书的研究假设;第四章为实验设计,介绍了本书自变量的操控和因变量的测度,以及实验参与者的选择和实验过程;第五章对实验获取的数据进行统计分析,检验了本研究的研究假设;第六章为研究结论、实践启示与局限性,概括本研究所得出的结论并指出了本研究的局限性和未来可能的研究方向。

通过研究和分析,本书得出的主要研究结论如下。

(1)理论分析表明,由于有限的信息加工能力和信息加工策略选择等差异,是否进行套期保值和被套期项目的风险披露方式会共同影响个体投资者的投资判断;同时,套期保值比例和被套期项目的风险披露方式也会共同影响个体投资者的投资判断。此外,个体投资者对风险的可控性和净利润的波动程度的评价会中介套期保值比例、被套期项目的风险披露方式对个体投资者的投资判断的影响。

(2)实验结果表明,是否进行套期保值和被套期项目的风险披露方式共同影响了个体投资者的投资判断。在公司披露燃油价格波动风险定性信息的情况下,公司进行套期保值后,个体投资者评价的投资风险更高,投资吸引力更低;在公司披露燃油价格波动风险定量信息的情况下,公司进行套期保值后,个体投资者评价的投资风险更低,投资吸引力更高。

(3)实验结果表明,套期保值比例和被套期项目的风险披露方式共同影响了个体投资者的投资判断。个体投资者对拥有不同套期保值比例的公司的投资判断取决于公司所选择的被套期项目的风险披露方式。具体来说,在公司披露了燃油价格波动风险的定性信息的情况下,公司对一大部分预期购买的燃油进行套期保值后,投资者评价的投资风险更高,投资吸引力更低;在公司披露了燃油价格波动风险定量信息的情况下,公司对一大部分预期购买的燃油进行套期保值后,投资者评价的投资风险更低,投资吸引力更高。

(4)实验结果表明,对被套期项目风险采用不同的信息披露方式会使个体投资者对拥有相同套期保值比例的公司作出不同的投资判断。具体来说,在公司对一大部分预期购买的燃油进行套期保值的情况下,与公司披露燃油价格波动风险的定性信息相比,公司披露燃油价格波动风险的定量信息后,个体投资者评价的投资风险更低,投资吸引力更高;在公司对一小部分预期购买的燃油进行套期保值的情况下,与公司披露燃油价格波动风险的定性信息相比,公司披露燃油价格波动风险的定量信息后,个体投资者评价的投资风险更高,投资吸引力更低。

(5)实验结果表明,个体投资者对风险可控性的评价部分中介了套期保值比例、被套期项目的风险披露方式对净利润波动程度判断的影响;个体投资者对净利润波动程度的评价部分中介了风险可控性对投资风险判断的影响;个体投资者对投资风险的评价完全中介了净利润波动程度对投资吸引力判断的影响。

本书的创新之处主要包括以下三个方面:一是本书以心理学中的信息加工理论、认知拟合理论和风险感知理论等理论为指导,分析并检验了衍生工具和被套期项目风险披露方式如何共同影响个体投资者的风险感知和决策判断,以及风险的可控性、净利润的波动程度和投资风险的评价在上述关系中的中介作用;二是本书运用实验研究方法,探讨了衍生工具的使用、相关风险信息披露方式对投资者风险感知和投资决策的影响机制和路径,揭示了个体投资者作出投资决策的中间过程;三是本书提出了提升衍生工具风险信息披露质量以及改善个体投资者投资决策的政策建议,并通过实验数据验证了这一政策建议的效果。

2021 年 9 月

何亚南、郑凯

目　　录

第一章　绪　　论

随着现代金融市场的不断发展,越来越多的上市公司利用金融工具及其衍生品管理公司来应对商业风险和金融风险(李胜利,2002;Koonce等,2005)。2009 年 4 月,国际掉期与衍生工具协会(International Swaps and Derivatives Association, ISDA)的研究显示,世界 500 强公司中有94％的公司使用衍生工具来管理商业风险和金融风险[①]。为了规范上市公司对衍生工具的使用和相关的信息披露,让投资者充分了解衍生工具的风险,各国证券监管机构和会计准则制定机构均对金融工具的风险信息披露作出了详细的规定。按照会计准则及证券监管机构的相关规定,为了帮助投资者作出恰当的风险判断,上市公司会提供关于所使用的金融工具及其衍生品的风险信息、相关的被套期项目的风险信息。但是由于风险判断的复杂性以及风险信息传递的困难程度,风险感知会影响投资者的行为(Slovic 等,1980; Viscusi 等, 1986),因此对这些风险披露的不恰当的感知可能会对投资者的判断和决策造成负面影响,从而导致使用衍生工具的上市公司被错误估价。由于越来越多的上市公司使用衍生工具,因此有必要检验目前上市公司使用衍生工具进行套期保值,以及所披露的相关风险信息如何影响投资者的风险判断,进而如何影响其投资决策。

[①]　我国利用衍生工具规避风险的上市公司数量也在逐年增加,2007 年沪深两市开展衍生品业务的上市公司为 71 家,2013 年增加到 331 家,参与占比为 13.2％。全部 A 股上市公司在2013 年衍生品交易共盈余 206.11 亿元,平均损益 6 227 万元;331 家参与衍生品业务的上市公司中,有 241 家实现正收益,盈亏比为 2.7。

第一节 问题的提出及意义

一、问题的提出

（一）风险信息披露准则的相关规定

为了给个体投资者（以下简称投资者）提供关于金融工具的更充分的信息，帮助投资者更好地了解和评价上市公司所面临的市场风险，各国证券监管机构和会计准则制定机构均对金融工具的风险信息披露作出了规定。1997 年，美国证券交易委员会（United States Securities and Exchange Commission，SEC）颁布了《财务报告披露准则第 48 号》（Financial Reporting Release No.48，FRR No.48），要求上市公司从定量和定性的角度披露衍生工具所带来的市场风险。FRR No.48 中的市场风险，是指由于利率或其他相关市场因素变化给公司带来的不确定损失，这些变化包括市场利率、汇率、商品价格和其他相关的金融产品或实物资产（例如不动产）的价格变化。我国会计准则和国际财务报告准则关于金融工具风险披露的要求是相同的。我国的《企业会计准则第 37 号——金融工具列报》要求企业披露与各类金融工具市场风险相关的定性信息和定量信息。该准则第 42 条规定，市场风险是指金融工具的公允价值或未来现金流量因市场价格变动而发生波动的风险，包括商品价格风险等。国际会计准则理事会（International Accounting Standards Board，IASB）发布的《国际财务报告准则第 7 号——金融工具：披露》（International Financial Reporting Standards 7 Financial Instruments：Disclosures，IFRS 7）也要求上市公司从定量和定性的角度披露关于金融工具及其衍生品的市场风险信息。衍生工具的套期保值比例，即保值力度，指进行套期保值的现货资产（或预期消耗的原材料）的数量占总的现货资产（或预期消耗的原材料）

的数量的比例。在保持其他因素不变并且套期保值有效的情况下，上市公司利用衍生工具进行套期保值的比例越大，公司所面临的风险越小。但是依照目前衍生工具信息披露准则及相关规定的要求，上市公司需要量化衍生工具带来的风险。因此，上市公司利用衍生工具进行套期保值的比例越大，公司对外披露的风险越高。那么，考虑到衍生工具风险的复杂性以及风险信息传递的困难程度，投资者是否能够准确判断上市公司使用衍生工具进行套期保值的风险并作出恰当的投资决策？按照准则及风险信息披露的相关规定，上市公司也会披露相关的被套期项目的风险信息，上市公司所选择的被套期项目风险的披露形式是否会进一步影响投资者的风险评价和投资判断？

公司利用衍生工具进行套期保值是为了规避被套期项目的风险，依照套期保值的原理，衍生工具风险与被套期项目风险的方向是相反的。也就是说，衍生工具风险会被套期项目的风险所抵消。因此，披露被套期项目风险的相关信息不仅有助于投资者了解公司套期保值前所面临的风险，而且有助于投资者理解衍生工具风险。目前，我国和各国的证券监管机构均要求上市公司披露对公司经营产生重大影响的被套期项目的风险信息（如物价风险等），但会计准则制定机构或证券监管机构并没有强制要求披露公司所面临的风险的定量信息。SEC自2005年起，要求所有上市公司在年度报告（10-k）中披露关于风险因素的信息。具体来说，SEC要求上市公司在递交的年报中的"1A—风险因素"部分披露导致公司面临风险的重要因素。IASB在国际财务报告准则中建议管理层披露公司的主要风险。中国证券监督管理委员会（后文简称，中国证监会）发布的《公开发行证券的公司信息披露内容与格式准则第2号——年度报告的内容与格式》（2012年修订）规定，公司应当针对自身特点，遵循关联性原则和重要性原则，披露可能对公司未来发展战略和经营目标的实现产生不利影响的风险因素（例如政策性风险、行业特有风险、经营风险、汇率风险、利率风险、产品价格风险、原材料价格及供应风险、财务风险等）。由上述规定可以看出，虽然上市公司被要求披露关于被套期项目的风险信息，但是证券监管机构并没有规定披露的具体形式，如定量披露或定性披露。此外，衍生工具的相关准则和规定也没有强制要求上市公司披露非衍生工具（如商品头寸、预期交易等项目）的市场风险的定量信息。按照上述规定，因为公司管理层并没有被强制要求量化被套期项目风险对公司的影响，并且考虑到定量的风险信息可能会给投资者带来较大的负面影响，在这种情况下，公司一般会选择定性地描述公司所面临的风险（李胜利，2002；Dobler，Lajili 和 Zéghal，2011）。

按照相关准则和监管机构的规定，如果一家公司面临较高水平的燃油价格波动风险，但是没有选择利用衍生工具进行套期保值，公司可以不必披露所面临的燃油价格风险的定量信息，那么商品头寸不属于 FRR No.48、IFRS 7 等规定的必须披露的范围，公司可以仅定性地描述燃油价格波动风险。如果另一家公司利用衍生工具进行套期保值以降低公司面临的燃油价格风险，则该公司必须披露衍生工具所带来的市场风险的定量信息（实际上，这部分量化的风险信息对投资者来说是不太重要的，因为该部分信息的风险最终会被公司所面临的燃油价格风险所抵消）。因此，这可能会导致一种反直觉的现象，即没有套期保值的高风险公司不需要披露风险的定量信息，而经过套期保值的低风险公司需要披露风险的定量信息，从而误导投资者对公司的风险评价。此外，如果两家公司均进行了套期保值，且套期保值比例不同，按照会计准则和监管机构的相关规定，公司利用衍生工具进行套期保值的比例越高，公司对外披露的风险越高。但是在保持其他因素不变的情况下，上市公司利用衍生工具进行套期保值的比例越高，公司所面临的实际风险越小。因此，考虑到风险判断的复杂性以及风险信息传递的困难程度，投资者是否能够准确感知到进行套期保值的公司或拥有不同套期保值比例的公司所面临的风险差异，这一问题很值得研究。

(二) 研究问题

基于以上分析,本书主要研究是否进行套期保值、套期保值比例和被套期项目的风险披露方式对投资者投资判断的影响;同时,检验投资者所评价的风险的可控性、净利润的波动程度和投资风险是否中介了套期保值比例、被套期项目的风险披露方式对投资者评价投资吸引力的影响。

具体而言,本书主要研究以下几个问题。

(1) 公司是否利用衍生工具进行套期保值与公司选择的被套期项目的风险披露方式如何共同影响投资者的投资判断。具体来说,投资者是否能够区分进行套期保值的公司和没有进行套期保值的公司,投资者对这两类公司的投资判断是否取决于公司所选择的被套期项目的风险披露方式(定量的/定性的)。

(2) 公司的套期保值比例与公司选择的被套期项目的风险披露方式如何共同影响投资者的投资判断,即在公司利用衍生工具对公司的风险进行套期保值时,投资者对拥有不同套期保值比例的公司的投资判断是否取决于被套期项目风险的披露方式(定量的/定性的)。具体来说,在公司仅披露关于被套期项目风险定性信息的情况下,投资者如何评价拥有不同套期保值比例的公司的投资风险和投资吸引力;在公司披露关于被套期项目风险的定量信息时,投资者如何评价拥有不同套期保值比例的公司的投资风险和投资吸引力。

(3) 公司选择的被套期项目风险披露方式是否会使得投资者对拥有相同套期保值比例的公司作出不同的投资判断。具体来说,在公司的套期保值比例较大时,投资者如何评价经济状况相同但采用不同的被套期项目风险披露方式的公司的投资风险和投资吸引力;在公司的套期保值比例较小时,投资者如何评价经济状况相同但采用不同的被套期项目风险披露方式的公司的投资风险和投资吸引力。

(4) 在上述过程中投资者是如何作出判断的,即投资者的判断和决策过程是怎样的。具体来说,研究的问题包括风险的可控性、净利润的波动程度和投资风险的评价是否中介了套期保值比例、被套期项目风险披露方式对投资者投资吸引力判断的影响。

二、研究意义

本研究采用实验研究方法,研究是否利用衍生工具进行套期保值、套期保值的比例和被套期项目风险披露方式对投资者的投资判断的影响,对会计理论的研究和会计实务的指导具有十分重要的意义。本研究具体的研究意义体现在以下几个方面。

(一) 改善会计信息披露质量并为准则制定者和监管者提供政策建议

投资者一直呼吁公司管理层更多地披露关于公司所面临的风险和不确定性的前瞻性信息(Mayo,2002;Ryan,1997),并且认为目前可获得的信息是不充分的(Buffett,2003)。虽然会计准则制定者和监管者已经要求上市公司在年报中披露更多的风险信息,但是很少有研究帮助准则制定者和监管者完善目前风险信息披露及衍生工具的相关准则或规定。因此,考察目前风险信息的披露如何影响投资者的风险判断,以及提供额外的风险信息是否会改进投资者的风险判断,这对于准则制定者和监管者具有重要的意义。本研究通过实验研究检验是否进行套期保值、套期保值比例和被套期项目风险披露方式对投资者的投资风险和投资吸引力判断的影响,为改善会计信息披露质量,以及为准则制定者和监管者完善风险信息披露及衍生工具的相关准则提供改进方向及实验证据。

(二) 从心理和行为的视角丰富和扩展已有的会计理论

传统经济学理论认为人是理性的,在对信息的加工和处理时不会受到信息披露方式的影响,信息接受者可以理解信息背后的经济实质。然而 20 世纪 80 年代至 90 年代,很多研究均表明市场并非半强势有效,甚至能否达到弱势有效也是值得怀疑的(Fama,1998；Thaler,1999；Kothari,2001)。因此,实验研究借助心理学中的理论来解释能够影响市场行为的个体投资者的决策行为(Libby 等,2002)。实验研究的基本思想是决策者的理性是有限的(March,1978；Simon,1957),个体认知的有限性会导致决策者采用相对简单的决策策略,因此所作出的决策是次优的。心理学研究发现,个体希望以最小的成本处理信息,因此会采用简单而具有启发性的原则加工信息。Slovic(1972)研究发现,为了降低获取信息的认知局限性,决策者会倾向于使用那些被明确列示的信息,并且仅根据信息所列示的形式进行加工和处理。因此,信息的列示方式会影响个体投资者所选择的信息加工策略,从而影响他们的决策(Barber 和 Odean,2002；Huberman,2001)。Slovic 等(1980)研究了影响个体风险判断的情感因素,并认为人们对风险的感知会受到风险的未知程度和对风险的恐惧(如风险的可控程度)的影响。当公司量化了使用衍生工具进行套期保值所带来的风险,但是仅提供了被套期保值项目风险的定性信息时,由于没有提供其他充分的信息,投资者很难判断套期保值后的公司风险,个体投资者可能会选择一些简单而具有启发性的信息加工策略,即仅根据公司披露的被套期保值项目风险的定性信息对公司的风险进行评价,进而可能会作出不恰当的风险评价,影响投资者后续的投资决策。同时,由于无法获取公司整体风险的定量信息,投资者可能无法准确感知风险的可控程度,进而影响对公司的风险评价和投资决策。

本研究利用心理学中的信息加工理论、认知拟合理论和风险感知理论来解释是否进行套期保值、套期保值比例和被套期项目的风险披露方式如何影响投资者的投资判断,并采用实验研究方法。这不仅可以利用心理学理论解释个体投资者对会计信息的反应,而且能够深入研究会计信息使用者在信息使用中的判断和决策过程,有利于丰富和扩展心理学理论在会计领域中的应用。

(三) 深入了解个体投资者在投资判断中的信息处理过程

个体投资者是一个十分重要的群体。美国证券业协会的统计数据显示,在美国,约 4 100 万名非职业投资者持有证券市场中约三分之一的流通股(Bogle,2005);而在中国,根据中国证券登记结算有限责任公司的统计,截至 2012 年 8 月底,我国证券市场大约有 7 000 万名个体投资者。因此,考虑到个体投资者的投资判断对资本市场的健康运行和发展具有重要影响(Elliott 等,2007;Belzile 等,2006),我们有必要考察个体投资者在投资判断时如何解读和运用与投资相关的信息。这不仅是准则制定者和监管者所关注的问题,也是会计研究者所密切关注的问题。

个体投资者对信息的获取、评价和判断与经验丰富的职业投资者不同。与职业投资者相比,个体投资者具有较低的投资专业水平,在投资决策中经常会使用简单、次优的决策策略(Kelton,2005)。个体投资者为了降低获取信息的认知局限性,经常会倾向于使用被明确列示的信息,并且仅根据信息所列示的形式进行加工和处理(Slovic,1972)。本研究对是否进行套期保值、套期保值比例和被套期项目风险披露方式对投资者的投资风险和投资吸引力判断的影响进行了研究,并通过投资者对一些可能的中间变量(如风险的可控性等)的判断来探究个体投资者在信息加工和判断中的认知过程,对全面而深入地了解个体投资者在投资判断过程中对信息的加工和处理具有重要的意义。

第二节 研究背景

一、关于衍生工具风险信息披露的规定

(一) FASB 和 SEC 关于衍生工具及相关风险信息披露的规定

随着衍生工具越来越多地被上市公司使用,为了规范上市公司对

衍生工具的列报以及为投资者提供更有用的信息,美国财务会计准则委员会(Financial Accounting Standards Board,FASB)先后发布了《财务会计准则公告第 105 号——衍生工具表外风险和信用风险的信息披露》(Disclosure of Information about Financial Instruments with Off-Balance Sheet Risk and Financial Instruments with Concentrations of Credit Risk,FAS 105)和《财务会计准则公告第 107 号——金融工具公允价值的披露》(Disclosures about Fair Value of Financial Instruments,FAS 107),要求上市公司增加金融工具信息表外披露,并且要求上市公司在会计报表或附注中披露衍生工具的公允价值。

某些民间组织(如投资管理与研究协会、财务分析师协会、美国注册会计师协会等)担忧财务报表使用者对目前市场风险敏感性工具的披露不满意。他们认为财务报表使用者可能会被金融工具的复杂性所困扰,并且认为上市公司并没有提供诸如衍生工具的类型、具体的条款以及公司面临或转移的风险等信息。此外,一些组织(如美国审计总署、纽约联邦储备银行、巴塞尔银行监管委员会等)也积极建议改进目前的衍生工具信息披露,建议增加额外的市场风险的定性和定量披露,以利于使用者更好地理解市场风险敏感性工具中的风险信息。

为了应对这些担忧以及改进相关披露的要求,1994 年,美国财务会计准则委员会发布《财务会计准则公告第 119 号——衍生金融工具的披露和金融工具的公允价值》(Disclosure about Derivative Financial Instruments and Fair Value of Financial Instruments,FAS 119),要求上市公司披露持有衍生工具的原因、名义金额、公允价值、收益和损失(对于交易性衍生工具),以及与套期保值活动相关的会计政策。

FAS 119 鼓励但是不强制要求披露影响公司持有的衍生工具和其他金融工具的市场风险的定量信息。Bushee 等(1996)检验了 FAS 119 实行后 78 家公司的披露情况,研究发现公司基本没有披露准则所鼓励披露的市场风险信息。

1994 年,为了回应投资者、监管者和民间组织对衍生工具信息披露的担忧,SEC 评估了约 500 家上市公司的年报,并且在 1995 年评估了更多最新发布的年报,以评价 FAS 119 关于市场风险敏感性工具披露的实施效果。SEC 发现,FAS 119 对衍生金融工具的披露质量具有积极的影响。但是 SEC 认为市场风险敏感性工具的披露仍然存在以下缺陷:公司如何核算衍生工具、市场风险披露的清晰性和有用性。为了应对 FAS 119 以及其他目前 SEC 和会计原则所表明的衍生工具披露的不足,SEC 颁布了 FRR No.48,要求上市公司披露表外的衍生工具和表内的金融工具的市场风险信息,并且把这些披露作为管理层讨论和分析的一部分列示在年度报告(10-k)中。

1997 年,SEC 颁布的 FRR No.48 要求上市公司披露利率、外汇汇率、商品价格以及证券价格的负面变动导致的定性的和定量的市场风险信息。FRR No.48 将市场风险定义为市场利率或价格(如利率、外汇汇率、商品价格,以及证券价格等)不利变化导致公司遭受损失的风险。

FRR No.48 要求上市公司披露两种类型的市场风险信息,即定性的信息和定量的信息。定性的信息包括主要风险(即利率风险、外汇风险、商品风险及其他市场风险)和公司所面临的特定市场的信息。公司必须讨论他们的衍生工具会计政策、风险管理目标和风险控制情况。另外,公司必须披露风险在整体上是如何被管理的,以及所使用的衍生工具的具体类型。定量的信息主要是指公司所面临的市场风险的信息。公司首先要将市场风险敏感性工具分类为交易性的衍生工具和非交易性的衍生工具,并且需要分别列示这两种类型的衍生工具的定量风险信息。

通过定量的风险披露,使用者能评价公司所面临的风险大小,如商品价格风险等。对于每一种风险,公司可以选择三种披露方式披露市场风险的定量信息,即表格形式、敏感性分析形式和风险价值形式(value at risk,VAR);同时,也可以选择三种衡量基础,即现金流、盈余和公允价值。表格形式的列报要求公司提供受市场风险影响的资产和负债的信息,披露资产负债表日后五年中每年的市场风险敏感性工具的公允价值和平均价格,以及剩余年度的整体价值。表格形式的列报必须包含充分的信息,让使用者能够估计金融工具的未来现金流,但是表格形式的列报不需要对风险进行综合测度,因此不需要选择测量基础。敏感性分析是假定公司在一定期限内,随着利率、外汇汇率、商品价格或其他市场利率或价格的变化,市场风险敏感性工具会给未来盈余、公允价值或现金流带来损失。敏感性分析中假设的市场价格变动必须是近期内可能发生的合理变动,且这一假设变动不应低于期末市场利率或商品价格的10%(除非有合理的理由)。VAR 的特点是披露在正常市场条件下投资组合业绩最差的情况(Linsmeier 和 Pearson,1997)。更具体地说,VAR 是指在给定的期间内和在给定的可能性水平下,市场风险敏感性工具给公司带来的最大程度的损失。除非有经济上的合理理由,否则公司用来测度损失可能性的置信区间不能低于 95%。

SEC 发布 FRR No.48 的目的是给投资者提供充分的额外信息,使他们能更好地理解和评价公司所面临的市场风险。但是 FRR No.48 并没有强制要求披露一些对风险评价有重要影响的定量信息,由此可能会导致不恰当的风险评价。表 1-1 列出了 FRR No.48 所要求披露的风险信息的范围。

SEC 认为,市场风险可能存在于市场敏感性工具之外的其他工具、头寸和交易(如商品头寸、预期交易等)中,但是这类工具、商品头寸或交易中的现金流的时间和金额有时很难估计,并且一些委员认为很多风险度量体系在进行市场风险的定量评价时并没有包含这类工具或交易。出于这些现实原因,SEC 没有强制要求而是鼓励披露这类工具或交易的定量市场风险信息。

SEC 自 2005 年起,要求所有上市公司在年度报告(10-k)中披露关于风险因素的信息。具体来说,要求上市公司在递交的年报中的"1A—风险因素"部分披露使公司面临风险的最重要的因素,并解释该风险如何影响公司的财务状况或经营业绩。

表 1-1　FRR No.48 的披露要求

要求披露风险信息的项目	鼓励但不要求披露风险信息的项目
现金和外汇	租赁
有价债券和股票	养老金资产和负债
短期和长期债务	保险合同
以现金或金融工具结算的商品衍生工具合约	不以现金或金融工具结算的商品衍生工具合约
衍生工具,包括掉期、期货和远期合约、期权	被套期的商品
其他金融工具、结构性债券、抵押担保证券、IOs 或 POs	预期交易
	其他退休后或离职后福利债务

资料来源:HODDER L, KOONCE L, MCANALLY M L. SEC market-risk disclosures: Implications for judgment and decision making[J]. Accounting Horizons, 2001, 15(3): 49-70.

(二) IASB 关于衍生工具及相关风险信息披露的规定

1995 年,IASB 发布的《国际会计准则第 32 号——金融工具:披露与列报》(IAS 32),对金融工具的表内列报和表外披露作出规范,并随后进行了一系列修订。与之前的准则相比,IAS 32 更多地强调披露公司所使用的金融工具的性质和风险。该准则的目的在于使财务报表使用者能了解公司所持有的金融工具如何影响企业的财务状况和经营业绩,使财务报表使用者能够更容易地评估公司在使用衍生工具时所承担的风险。IAS 32 要求公司披露与金融工具相关的会计政策、金融工具的性质、所服务的商业目的以及相关的风险和管理层采取的风险控制政策等信息。

2005 年,IASB 发布的 IFRS 7 要求上市公司提供金融工具导致的风险的定量信息和定性信息,包括市场风险、信用风险等。IFRS 7 整合并改进了之前发布的 IAS 32 和 IAS 30《国际会计准则第 30 号——银行与类似金融机构财务报表中的披露》所规定的金融工具风险信息披露,并拓展了之前所规定的定性披露要求,更多地引入风险信息的定量披露。具体而言,IFRS 7 在 IAS 32 规定的基础上增加了一些披露条款,取代了 IAS 30 对信息披露的规定,并将金融工具披露的相关内容整合到这一单独的准则中。相应地,IAS 32 更名为《国际会计准则第 32 号——金融工具:列报》,仅规范金融工具在表内的列报问题。

IFRS 7 的目的是要求公司披露金融工具的相关信息,使信息使用者能够评价金融工具对公司财务状况和业绩的重要性,以及评价报告期末公司所面临风险的性质和程度,并了解公司如何管理这些风险。依据上述目标,IASB 将 IFRS 7 准则的正文分为两部分:金融工具对公司财务状况和经营业绩的重要性,金融工具风险的性质与程度。与本研究更为相关的是 IFRS 7 所规范的金融工具风险的性质与程度,所以下文主要介绍这一部分的相关规定。

IFRS 7 要求公司披露金融工具导致的信用风险、流动性风险和市场风险的定性和定量信息。此外,IFRS 7 要求上市公司分别列示交易性金融工具和非交易性金融工具的风险信息。

在定性信息披露方面,对于每一类金融工具风险,IFRS 7 要求公司描述风险是如何产生的,管理层管理风险的目标、政策、过程、测度风险的方法,以及披露与前期相比公司面临的风险变化和风险管理政策变化的状况。

在定量信息披露方面,IFRS 7 要求公司在与关键管理层交流的基础上,披露期末每一类金融工具的风险敞口的总括数据。对于信用风险,公司要披露在其他方未能履行合同义务的情况下,最能代表公司期末所承担的最大信用风险的金额(不考虑任何担保品的公允价值,信用风险的重要集中程度,抵押品和其他信用增强的效果等信息);对于流动风险,公司要披露对金融负债及其衍生品剩余期限分析以及流动性风险管理;对于市场风险,公司要披露市场风险敏感性分析。

IFRS 7将市场风险定义为市场价格变动导致的金融工具未来现金流或公允价值的波动风险,并且指出市场风险包含商品价格风险和利率风险等。定量信息披露要求公司使用敏感性分析方法披露公司报告期末所面临的每种市场风险;描述资产负债表日相关风险变量可能的变化如何影响公司的收益和损失;披露敏感性分析所使用的方法和假设;与前期相比的变化及其原因。此外,如果公司选择采用 VAR 方法管理和披露风险,公司应当解释所使用的方法、主要的参数和假设,以及使用这种方法的目标和局限性(可能导致无法完全反映相关资产和负债的公允价值)。

关于与金融工具相关的风险以外的其他风险信息,FASB 并没有出台相应的准则进行规范。但是国际财务报告准则中指出,管理层应当披露公司的主要风险、风险变化,以及应对或降低风险的计划和策略,同时要求披露风险管理策略的有效性。实践指出,管理层应该识别公司的主要风险和不确定性,而不是列示所有可能的风险和不确定性。管理层应当披露可能对公司战略和公司价值实现过程产生重大影响的战略风险、商业风险、运营风险和财务风险。对于公司面临的主要风险,管理层要披露风险导致的负面结果及其发生概率。

(三) 我国关于衍生工具及相关风险信息披露的规定

我国财政部于 2001 年颁布的《金融企业会计制度》,首次规范了衍生工具信息披露,要求银行等金融企业在报表附注中披露衍生金融工具(如货币和利率套期、货币和利率期权、外汇交易合约、利率期货和远期汇率合约等)的计价方法、年末余额、其他具体情况以及金融工具的风险头寸等。中国人民银行于 2002 年发布了《商业银行信息披露暂行办法》,规范了商业银行的信息披露,要求商业银行在财务报表附注中披露表外的衍生金融工具的信息,包括年末余额、其他具体情况、各类风险信息和风险管理情况(如信用风险、流动性风险以及其他风险信息)。中国证券监督管理委员会于 2003 年发布的《公开发行证券的公司信息披露编报规则第 18 号——商业银行信息披露特别规定》,要求上市金融机构在财务报表附注中披露衍生工具的计价方法、公允价值的取得方法,区分投机性衍生工具和用于套期保值的衍生工具,并说明其损益的确认方法以及套期保值的标准。

2006 年,我国实行新企业会计准则,这一会计准则体系的发布标志着我国会计准则基本与国际趋同。关于金融工具的会计准则充分借鉴了国际会计准则的规定,在内容上几乎完全采用了 IAS 32、IAS 39 和 IFRS 7 的规定。我国《企业会计准则第 37 号——金融工具列报》,要求上市公司披露与各类金融工具风险相关的定性信息和定量信息。定性信息披露要求公司提供风险敞口及其形成原因,风险管理目标、政策、过程、计量风险的方法,以及上述定性信息与前期相比发生的变化。定量信息包括资产负债表日风险敞口总括数据。《企业会计准则第 37 号——金融工具列报》将金融工具的市场风险定义为金融工具的公允价值或未来现金流量因市场价格变动而发生波动的风险,包括商品价格风险和利率风险等。该准则要求公司对所面临的风险进行敏感性分析,并披露以下信息:发生变化的相关风险变量对公司当前损益或所有者权益所产生的影响;公司进行敏感性分析时所使用的方法和假设,以及方法和假设与前一期不同时的原因。

中国证监会发布的《公开发行证券的公司信息披露内容与格式准则第 2 号——年度报告的内容与格式》(2012 年修订)规定,上市公司应当在董事会报告中针对自身的特点并遵循重要性原则,披露可能对公司未来发展战略和经营目标产生不利影响的重大风险因素,如行业风险、经营风险和原材料价格风险等。此外,规定要求公司披露充分、准确的信息;采用图表与数据相结合的方式简要分析各种风险因素对公司当期以及未来经营业绩的影响;说明已经或计划要采取的应对措施;披露与上年相比新增的风险因素,披露其产生的原因,分析其对公司的影响及对此采取的措施。

二、衍生工具及相关风险信息披露规定存在的问题

根据前文对风险信息披露准则和规定的介绍,我们可以看出,上述准则虽然规范了与金融工具相关的市场风险信息的披露,并要求公司披露市场风险的定量信息,但无论是国际上,还是我国的会计准则制定机构或证券监管机构,均没有强制要求上市公司披露一些非衍生工具,如商品头寸、预期交易等项目的市场风险的定量信息,尽管这些项目的风险信息也很可能对公司的经营业绩产生重要的影响。

SEC 和中国证监会都规定,上市公司需要在年报中披露可能对公司经营业绩产生重大影响的风险(如商品价格风险等)。IASB 在国际财务报告准则中建议管理层披露公司的主要风险,但是会计准则制定者或证券监管机构并没有强制要求公司披露此类风险的定量信息。在这种情况下,公司一般会选择仅披露相关风险(如商品价格风险)的定性信息(Dobler 等,2011)。

按照相关的规定,如果一家公司面临较高的燃油价格风险,但是没有选择利用衍生工具进行套期保值,那么公司可以不用披露所面临的燃油价格风险的定量信息。因为商品头寸不属于 FRR No.48、IFRS 7 等规定的必须披露的范围,公司可以仅披露燃油价格风险的定性信息。如果其他公司利用衍生工具进行套期保值以降低公司面临的燃油价格风险,则公司必须披露衍生工具所带来的市场风险的定量信息(实际上,这部分量化的风险信息对投资者来说是不太重要的,该风险可以被燃油价格风险所抵消,因此对公司的影响是很小的)。因此,这可能会导致一种反直觉的现象,即没有套期保值的高风险公司不需披露风险的定量信息,而经过套期保值的低风险公司要披露风险的定量信息,从而误导投资者对公司风险的评价。此外,

如果两家其他条件相同的公司均进行了套期保值,但是套期保值比例不同,那么依照准则的规定,上市公司利用衍生工具进行套期保值的比例越大,公司对外披露的风险越高。但是在其他因素不变的情况下,上市公司利用衍生工具进行套期保值的比例越大,公司所面临的实际风险越小。因此,考虑到风险判断的复杂性以及风险信息传递的困难程度,投资者是否能够准确判断套期保值后公司的风险有待进一步研究。

第三节 研究框架、研究方法及创新

一、研究框架

(一)研究思路

本书采用实验研究方法,研究了是否进行套期保值、套期保值比例和被套期项目的风险披露方式对投资者的投资判断的影响(研究的概念模型见图 1-1)。研究的整体思路如下:首先,在对研究背景和实务现状进行综合分析的基础上,提出本书中的研究问题,以及该研究的理论意义和实践意义;其次,系统梳理和回顾了风险信息披露和衍生工具使用及套期保值的相关研究,文献综述主要有四部分,第一部分是关于风险信息披露的研究,第二部分是衍生工具的使用和套期保值的研究,第三部分是信息列报和披露方式的研究,第四部分是对相关研究进行的述评;再次,本研究根据心理学中的信息加工理论、认知拟合理论和风险感知理论分析是否进行套期保值、套期保值比例和被套期项目的风险披露方式对投资者投资判断的影响,并提出了相关假设;然后,论述了本研究的实验设计和实验过程,并根据实验数据统计分析和检验是否进行套期保值、套期保值比例和被套期项目的风险披露方式对投资者判断的投资风险和投资吸引力的影响,同时也检验了该影响的路径;最后,总结研究结论,并提出本研究的局限性以及未来的研究方向。

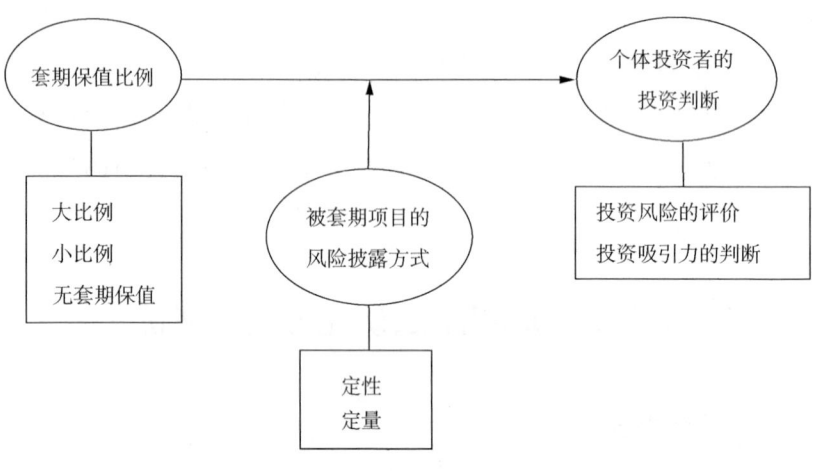

图 1-1　研究的概念模型

(二) 研究框架

根据研究思路,本书共分为六个章节,具体研究框架见图 1-2,各章节的主要内容如下。

第一章,绪论。本章在对研究背景和实务现状进行综合分析的基础上,提出所研究的问题,以及本研究的理论意义和实践意义,同时介绍本研究框架、研究方法及创新之处,最后对本研究的主要概念进行界定。

第二章,文献综述。首先,系统梳理和回顾风险信息披露的相关研究,从公司整体风险信息披露和衍生工具风险信息披露两个方面进行回顾;其次,回顾衍生工具的使用和套期保值的相关研究,总结关于衍生工具的使用、套期保值对公司风险和公司价值影响的相关研究;再次,梳理信息列报和披露方式对投资者投资判断的影响的相关研究;最后,对上述文献进行了述评,根据现有文献的不足,提出研究问题。

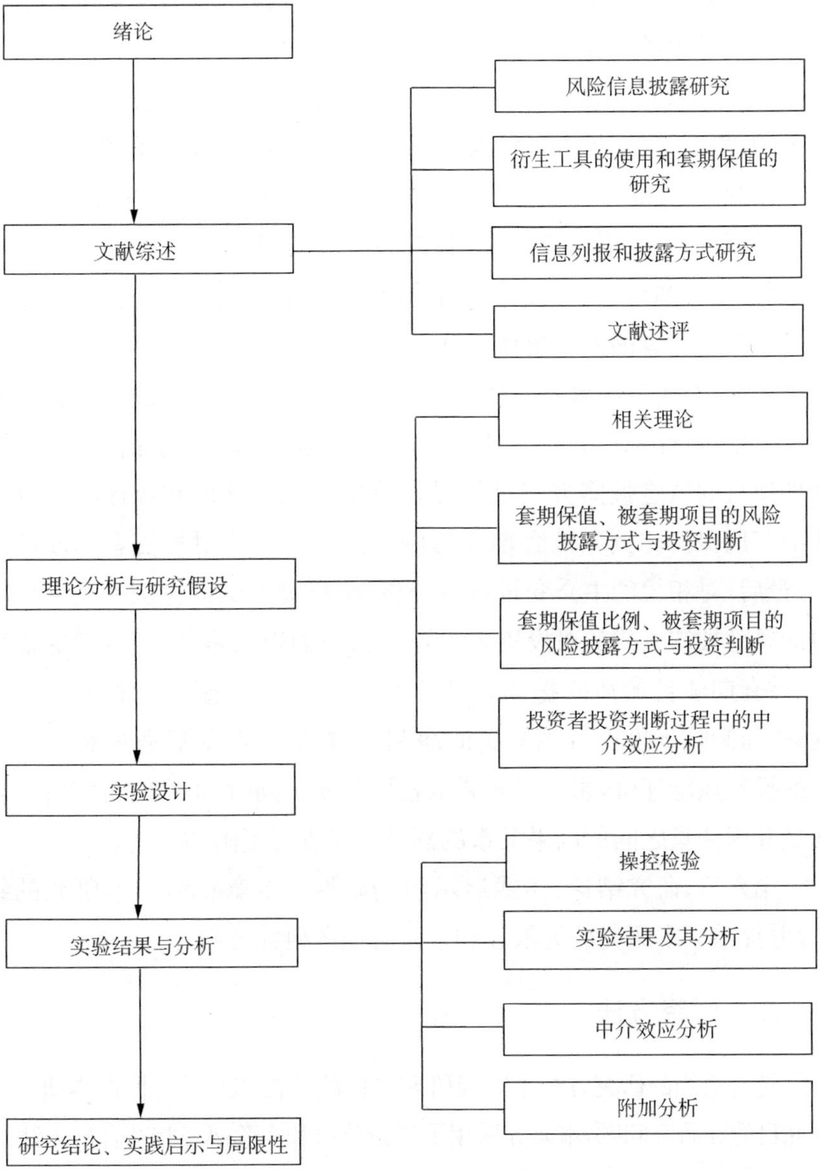

绪论

风险信息披露研究

衍生工具的使用和套期保值的研究

信息列报和披露方式研究

文献述评

文献综述

相关理论

套期保值、被套期项目的风险披露方式与投资判断

套期保值比例、被套期项目的风险披露方式与投资判断

投资者投资判断过程中的中介效应分析

理论分析与研究假设

实验设计

操控检验

实验结果及其分析

中介效应分析

附加分析

实验结果与分析

研究结论、实践启示与局限性

图1-2　研究框架

第三章,理论分析与研究假设。本章在理论分析的基础上提出了研究假设。首先,根据心理学中的信息加工理论,分析了是否进行套期

保值和被套期项目的风险披露方式对投资者投资判断的影响;其次,根据心理学中的信息加工理论、认知拟合理论和风险感知理论,分析套期保值比例和被套期项目的风险披露方式对投资者投资判断的共同影响;最后,根据投资者的投资判断过程提出可能的中介变量。

第四章,实验设计。本章首先介绍实验的研究设计,采用"2×2+2"的被试间设计;其次介绍本研究的自变量、因变量,以及自变量的操控、因变量的测量、实验参与者的选择、实验任务以及实验过程;最后介绍了实验参与者的人口统计信息。

第五章,实验结果与分析。本章首先对实验参与者的基本信息和相关数据进行随机化检查;其次,对两个自变量,即套期保值比例和被套期项目的风险披露方式进行操控检验;再次,分析和统计本研究关注的套期保值比例和被套期项目的风险披露方式对投资者判断的影响;最后,对相关的中介变量进行分析,分析套期保值比例和被套期项目的风险披露方式的对投资者投资吸引力的影响路径,即套期保值比例、被套期项目的风险披露方式先影响了投资者感知到的风险可控性,进而影响了投资者感知到的净利润波动程度,随后通过影响投资者的投资风险评价,影响投资者的投资判断。同时,本章对可能影响自变量和因变量之间的因果关系的额外变量进行了附加分析。

第六章,研究结论、实践启示与局限性。本章总结了本研究的结论,并提出了本研究的局限性和未来可能的研究方向。

二、研究方法

选择恰当的研究方法是实现研究目标的前提和基础。根据本研究的研究目的和研究问题,本研究采用了理论分析和实验研究相结合的方法。

本研究采用心理学理论分析是否进行套期保值、套期保值比例和被套期项目的风险披露方式的影响,且基于上述理论分析提出相关的研究假设,采用实验研究方法对研究假设进行检验。本书根据研究需要操控两个自变量,即套期保值比例和被套期项目的风险披露方式,观察由自变量的变化引起的因变量的变化,进而检验自变量与因变量之间的因果关系,并研究投资者投资判断和决策的过程。此外,由于上市公司很少采用定量的方式披露公司的被套期项目的风险。因此,很难从实际业务中获取充分的数据。本研究利用实验研究的优势,对被套期项目的风险信息披露方式进行操控,以便了解投资者的投资判断和决策的影响因素以及心理过程。基于以上研究目的和研究问题,本研究采用实验研究方法,其主要有以下三方面特点。

(一) 无法利用档案数据时的检验

本研究关注套期保值比例和被套期项目的风险披露方式对投资者投资判断的影响。目前,IASB、FASB、SEC 及我国的会计准则制定机构和证券监管机构发布的相关准则和规定均未强制要求上市公司披露被套期项目的风险定量信息,因此很少有上市公司选择以定量的方式披露公司所面临的风险(李胜利,2002),采用实证研究很难以充分的数据检验本书的研究问题。另外,我们需要保持除套期保值比例和被套期项目的风险披露方式以外的其他经济因素不变,以研究两者对投资者投资判断的影响。考虑到年报中上市公司披露的内容和经济状况的差异,实证研究很难对此进行控制。因此,很难利用实证数据分离出套期保值比例和被套期项目的风险披露方式的影响。

(二) 检验自变量和因变量之间的因果关系

实验研究方法是根据研究的需要,操控一个或者多个自变量并控制其他不相关的变量,进而观察自变量变化所导致的因变量的变化,并以此来检验自变量与因变量之间因果关系的一种科学研究方法(Kerlinger, 1964)。本研究首先通过理论分析来论证自变量与因变量之间的逻辑关系,根据心理学理论从系统的经验观察中发现事实并提出研究问题、研究假设并验证理论(郭秀艳,2004);然后在理论分析部分,基于心理学中的信息加工理论、认知拟合理论和风险感知理论的研究框架,探讨套期保值比例和被套期项目的风险披露方式在不同的水平时,投资者所作出的投资判断和决策;最后,对个体投资者判断过程提出可能的中介变量且进行中介分析。

实验研究方法可以保证自变量变化和因变量变化发生时间的先后顺序,确保所验证的因果关系。并且由于实验研究方法能够很好地控制除自变量外的其他变量,排除其他控制变量对因变量的潜在影响,因此可以确保自变量和因变量之间更加"干净"的因果关系。与此相反,由于实证研究方法固有的局限性,很难确定一些变量发生的先后顺序,因此,实证研究方法很难检验自变量和因变量之间的因果关系。本研究主要采用实验研究方法验证套期保值比例和被套期项目的风险披露方式两者与投资者的投资判断的因果关系。

(三) 检验个体投资者的判断和决策的过程

实证研究方法一般以市场反应指标检验投资者的反应,而一些测度投资者反应的指标,诸如股价的高低、交易量、成交金额或收益率等,均是市场所有参与者共同作用的结果,因此该方法无法区分个体投资者和机构投资者的判断和决策的差异。与机构投资者相比,个体投资者往往具有较低的投资专业水平,在信息获取、评价等方面存在显著差异(Maines 和 Mcdaniel, 2000)。深入地了解个体投资者对公司的套期保值决策和所披露的风险信息作出的反应,是目前学界普遍关注的焦点问题。本研究检验了套期保值比例和被套期项目的风险披露方式如何影响个体投资者的投资判断;同时,借鉴实验的优势,检验个体投资者决策判断的过程以及投资者对公司投资吸引力的判断是否被其他因素所中介。本研究以心理学中的信息加工理论、认知拟合理论和风险感知理论为指导,人为地控制并创造一定的研究情境,以解释投资者对风险可控性、净利润波动程度和投资风险的感知影响套期保值比例、被套期项目的风险披露方式与投资者判断的中间过程。

三、研究创新

本研究利用心理学中的信息加工理论、认知拟合理论和风险感知理论,采用实验研究方法检验套期保值比例和被套期项目的风险披露方式对投资者投资判断的影响。具体来说,本研究检验公司是否进行套期保值、公司套期保值的比例以及公司选择的被套期项目的风险披露方式,对个体投资者的投资风险评价和投资吸引力判断的影响。与以往研究相比,本研究可能的创新和贡献主要体现在以下几个方面。

(1)运用心理学中的信息加工理论、认知拟合理论和风险感知理论等,比较深入地分析是否进行套期保值、套期保值的比例和被套期项目的风险披露方式对投资者投资判断的影响,以及风险的可控性、净利润的波动程度和投资风险的评价在上述关系中的中介作用。

(2)采用实验研究方法,检验是否进行套期保值与被套期项目的风险披露方式(定性的/定量的)对投资者投资判断的共同影响。以往的研究并没有检验分析是否进行套期保值与被套期项目风险的披露方式(定性的/定量的)共同影响投资者投资判断的过程。

(3)采用实验研究方法,检验套期保值比例对投资者投资判断的影响在不同的被套期项目的风险披露方式下是否会有所不同,从而为完善风险信息披露及衍生工具的相关准则提供实验证据。以往的研究尚未检验这两个因素的交互作用。

(4)采用实验研究方法,分别检验了套期保值比例、被套期项目的风险披露方式对投资者投资判断影响的具体过程,即检验了在个体投资者判断过程中,投资者评价的风险可控性、净利润波动程度、投资风险对投资吸引力判断影响的中介作用。以往研究尚未对此进行检验。

第四节　主要概念界定

一、衍生工具的含义

FASB公布的《衍生金融工具和套期——保值活动的会计处理》（SFAS 133），将衍生工具定义为同时具有以下三种特征的金融工具或其他合约：①该合约有一项或多项标的，有一个或多个名义金额或支付条款，又或二者皆有，这些条款决定了结算金额，以及决定了在某些情况下是否需要进行结算；②不需要初始净投资的合约，或初始净投资低于那些对市场条件具有类似反应的其他类型的合约；③该合约要求允许以净额结算，也可随时通过合约以外的方式进行净额结算，或通过交割资产结算，并且对于资产受让人而言，交割资产的结算方式本质上与以净额结算无差异。依据以上定义，衍生工具不仅包括符合上述三种特征的衍生金融工具，也包括符合上述三种特征的其他合约，如衍生商品工具等。

1998年，国际会计准则委员会（International Accounting Standard Committee，IASC）发布的《国际会计准则第39号——金融工具：确认和计量》（IAS 39）将衍生工具定义为具有以下特征的金融工具：①其价值随特定利率、证券价格、商品价格、汇率、价格、利率的指数、信用等级、信用指数或类似变量的变动而变动；②不要求初始净投资，或与对市场条件变动具有类似反应的其他类型合同相比，要求较少的初始净投资；③在未来日期结算。我国财政部发布的《企业会计准则第22号——金融工具确认和计量》对衍生工具的定义与国际会计准则的规定基本相同。

总的来说，虽然各国准则制定者对衍生工具的定义稍有不同，但是整体上均将衍生工具定义为一种金融合约，其价值取决于一种或多种基础金融产品，并且该合约以未来经济变量的不确定性为基础。衍生工具包括期货合约、远期合约、互换和期权,以及具有上述合约中一种或一种以上特征的其他工具。

远期合约是指由交易双方签订的,在未来某一特定时间,以某一特定价格买卖某一特定金融资产或实物资产的协议。远期合约中确定的资产的种类、数量、质量、交易价格、交易时间和地点反映的只是交易双方的特殊需求,共性较低,具有较低的市场流动性。此外,对远期合约交易双方来说,交易对手的资信程度是影响合约能否如期履行的重要因素。

期货合约是标准化的远期合约,与远期合约不同的是,期货合约中确定的资产的种类、数量和质量,以及交割时间和地点都是由期货交易所统一制定的,是标准化的条款。只有买卖价格是由交易双方在交易所内采用集中竞价的方式来确定的。

期权合约是指一种赋予其持有者,在某一特定的时间和地点,以某一特定价格买卖特定资产的权利的合约。在期权合约中,买卖原生资产的价格是事先确定的,并且期权合约的持有者可以选择行使权利,也可以选择放弃行使权利。

互换合约也可以称为掉期合约,是一种由交易双方签订的,约定在未来某一时间相互交换他们认为具有同等经济价值的现金流量的合约。较为常见的互换合约包括利率互换合约和汇率互换合约等。

二、套期保值的含义

《国际会计准则第 39 号——金融工具:确认和计量》(IAS 39)并没有明确定义套期保值,但是明确定义了被套期项目和套期工具。我国财政部发布的《企业会计准则第 24 号——套期保值》对套期保值的定义是"企业为了规避外汇风险、利率风险、商品价格风险等,指定一项或一项以上的套期工具,使得套期工具的公允价值或现金流量的变动,预期抵消被套期项目的全部或部分公允价值或现金流量的变动"。我国会计准则对套期工具和被套期项目的定义与 IAS 39 相同。

我国会计准则规定，套期工具指企业为进行套期而指定的，其公允价值或现金流量的变动预期可以抵销被套期项目的公允价值或现金流量变动的衍生工具。被套期项目，是指使企业面临公允价值或现金流量变动风险，并且被指定为被套期对象的项目，具体包括：①单项或一组具有类似风险特征的，已确认资产或负债、确定承诺、很可能发生的预期交易或境外经营净投资；②分担同一被套期利率风险的金融资产或金融负债组合的一部分（仅适用于利率风险公允价值组合套期）。

套期保值的基本形式是，在现货市场和期货市场对同类商品进行数量相等但方向相反的买卖活动，也就是在买入或卖出现货的同时，在期货市场上卖出或者买入数量相等的期货。因此，现货交易所带来的盈利（或损失）可以由期货交易的损益所抵消（或弥补）。套期保值利用现货与期货或即期和远期之间的对冲机制，降低价格风险。因此，套期保值的主要目的是保值，而非盈利。对于套期保值的交易者来说，利用套期保值来转移价格风险、锁定现货市场中的基本利润是首要目标。衍生工具的套期保值比例，即保值力度，是指进行套期保值的现货资产（或预期消耗的原材料）数量占总的现货资产（或预期消耗的原材料）数量的比例。

三、衍生工具和被套期项目风险的含义

（一）风险的含义

风险是一个宽泛而常用的术语，但目前理论界对风险概念尚无一种公认的权威性定义。1895 年，美国学者海尼斯在其著作《风险——一项经济因素》中指出，风险指损害的可能性。美国著名保险学家特瑞斯·普雷切特等人将风险定义为"未来结果的变化性"，而另一美国学者 Willett(1901)认为风险是关于不愿发生的事件发生的不确定性的客观体现。1964 年，美国学者 Williams 和 Heins 将人的主观因素导入

风险的概念之中,他们认为风险是客观存在的,而不确定性是认识者的主观判断,不同人对相同风险有不同的判断。但是,国内外也有许多学者认为,仅将风险和不合意或不希望发生的事相联系是片面的,风险应该指未来结果发生的任何变化。也就是说,风险不仅指可能出现坏的结果,也指可能出现好的结果。Luce 和 Weber(1986)提出了联合期望风险模型,模型假定风险判断是收益、损失、无收益和损失的组合概率。Weber(1988)、Weber 和 Bottom(1989)验证了该模型的正确性。由此可见,根据未来发生结果所包含范围的不同,风险定义可分为广义和狭义两种:狭义的风险指未来发生损失的可能性,广义的风险则指未来发生损失或收益的可能性。从经济角度看,风险总是和损失发生的可能性以及收益的不确定性相联系。本研究更倾向于从广义上定义风险,即风险产生的结果可能带来损失、获利或是无损失也无获利。

一般来说,风险具有以下主要特征:第一,未来结果的不确定性,即风险的发生是偶然的,具有较高程度的不确定性,不确定性是风险的本质特征;第二,未来结果的损益性,即风险发生所导致的结果可能带来某种形式的损失,也可能会带来某种程度的收益;第三,相对性,即风险取决于不同主体的认知,因此不同的主体对同一风险的判断会存在差异性;第四,可测性,即风险可以通过相关的统计分析来进行估计;第五,可控性,即可以根据风险的可测性特征,利用风险管理和控制手段来降低风险。

(二) 衍生工具的风险

衍生工具是一把"双刃剑"。一方面,创立衍生工具的初衷是消除市场中的某些不确定性,规避和转移风险;另一方面,由于价格波动的随机性和交易双方信息披露、合约执行的非对称性,衍生工具的使用又会带来新的风险。根据 1994 年国际证监会组织(International Organization of Securities Commissions,IOSCO)和巴塞尔银行监管委员会共同发布的《衍生工具风险管理指南》以及各国准则制定者发布的金融工具相关准则,衍生工具的风险主要包括市场风险、信用风险、流动性风险、操作风险和法律风险。根据研究问题和相关准则对衍生工具风险信息的披露要求,本书将主要介绍以下三种衍生工具风险。

第一,市场风险,指市场价格变动导致衍生工具未来现金流或公允价值波动的风险,包括商品价格风险、汇率风险和利率风险等。市场风险是最普遍也是最需要被重视的风险,不同衍生工具的市场风险存在一定的差异。远期合约由于事先锁定了价格并且基本采用实物价格,因此本身不存在较大的市场风险;期货合约和互换合约的市场风险是基础价格或利率变动等带来的风险,并且交易双方均存在市场风险;期权合约的市场风险还包括基础价格波动幅度和期权的行使期限的影响,并且期权合约的市场风险是单方面的,主要是由卖方承担。

第二,信用风险,指衍生工具合约交易的一方不履行合约或没有能力履行合约,造成合约另一方发生损失的风险。场内交易的衍生工具(如期货合约)的信用风险要小于远期合约和互换等场外交易的衍生工具。由于场内交易发生在交易所,而交易所具有严格的保证金等一系列制度,因此交易所面临的违约风险要显著低于场外交易中的单个交易对方。

第三,流动风险,指衍生工具交易敞口无法以合理的价格平仓而导致的损失,包括市场流动风险和资金流动风险。场内交易的衍生工具(如期货合约),由于是标准化合约、市场规模较大、信息传递更为迅速且合约交易方可随时根据市场行情调整头寸,因此流动风险小。与此相反,场外交易的衍生工具(如远期合约和互换等)由于合约是根据客户的特殊需要而签订的、共性较低、缺乏可流通的二级市场,流动风险较高。

本研究所涉及的衍生工具的风险指衍生工具所面临的商品价格风险。本研究中公司进行套期保值所使用的衍生工具是商品期货合约。期货合约的买卖价格是由交易双方在交易所以集中竞价的方式确定的,未来标的商品的价格波动会导致期货合约的未来现金流或公允价值的波动。因此,对于期货合约来说,商品价格风险是最常见也是最为重要的风险。

(三) 被套期项目的风险

被套期项目的风险,也可以简称为被套期风险,通常包括商品价格风险、利率风险、外汇风险、信用风险等。

商品价格风险指未预期到的商品价格的变动给企业带来收益或损失的可能性。一般来说,对于非金融业企业,商品价格风险要比利率风险和外汇风险更重要,价格波动的原因也更为复杂,并且商品价格风险与企业的经营活动直接相关。商品价格波动的原因很多,如供需不平衡、未预期的天气状况、政治因素等。企业可以利用衍生工具来控制商品价格风险。

利率风险指利率不确定性导致的附息资产(如债券或借款)价值波动的风险。对于银行等金融类公司或附息资产较高的企业来说,利率风险是经营活动中面临的非常重要的风险。

外汇风险是指一个企业在一定时期内的对外经济、贸易的管理与运营等活动中,以外币表示的资产(或负债)因未预期的外汇汇率变动所引起的,以外币计价的资产上涨或者下降的可能性。

信用风险指合约的交易一方未能履行契约中的义务而给企业造成经济损失的风险。

本研究所涉及的被套期项目的风险指商品价格风险。对于非金融类公司,商品价格风险是重要的风险来源,对公司的现金流和价值产生重大影响。因此,本研究关注在公司利用衍生工具对商品价格风险进行套期保值的背景下,投资者的投资判断和决策。

第二章 文 献 综 述

本研究主要检验是否进行套期保值、套期保值比例和被套期项目的风险信息披露方式和对投资者投资判断的影响。因此,根据需要,本研究主要从三个方面对相关文献进行了回顾。具体安排如下:第一节主要分析和整理风险信息披露的相关文献,从整体风险信息披露、金融工具及其衍生品风险信息披露两个方面回顾了相关研究;第二节主要回顾衍生工具的使用及套期保值的研究;第三节主要整理和回顾信息列报及披露方式的相关研究;第四节主要根据以上文献回顾,从总体上对以往的相关研究进行述评。

第一节 风险信息披露的相关研究

一、公司整体风险信息披露的研究

随着投资者对上市公司的风险信息需求的增大,以及监管部门对公司风险信息披露的一系列规定的颁布,大量研究检验上市公司所披露的风险信息。这类研究主要从两个角度对风险信息披露进行考察,即风险信息披露的质量和影响因素,以及风险信息披露导致的经济后果。

(一) 公司整体风险信息披露的质量及影响因素

大量研究运用内容分析法考察了上市公司年报中风险信息披露

的质量,研究结果普遍表明上市公司披露的风险信息多为与过去的风险相关的信息(Beattie 等,2004;Beretta 和 Bozzolan,2004),定性的(Rajab,2009;Oliveira 等,2011;Dobler 等,2011)、一致程度低并缺乏清晰性和可比性(Lajili 和 Zéghal,2005;邓传洲和李正,2003)。

Beattie 等(2004)研究发现,公司更多地倾向于披露过去的风险信息,而较少披露前瞻性的风险信息,并且大约有 7%的前瞻性风险信息被量化。Beretta 和 Bozzolan(2004)分析了 89 家意大利上市公司年报中所披露的风险信息。研究发现,与前瞻性风险信息相比,上市公司更普遍地披露过去和现在的风险信息,即使披露未来的风险,董事也不愿说明风险带来的影响可能是正面的还是负面的。Rajab(2009)研究发现,公司年报中的风险披露主要是定性的信息、好消息以及中立消息,公司较少披露定量的风险信息和坏消息。Oliveira 等(2011)研究发现,非金融业公司所披露的风险信息是一般性的、定性的,并且是与过去的风险相关的信息,缺乏一定的可比性和透明度。这导致信息的有用性降低,但是管理层可以通过报告这些信息降低诉讼成本。作者认为尽管定量的、前瞻性的风险信息对股东来说是与决策相关的,但是有关这类信息的披露很少见,原因是前瞻性风险信息的准确程度低以及可能带来的诉讼成本。Oliveira 等(2011)检验了 190 家葡萄牙信贷机构的风险信息披露。研究发现,风险披露缺乏可比性,VAR 和敏感性分析披露方法的假设不同,并且不一致的定性和定量信息的披露会导致相关性、可靠性和可理解性问题。Dobler 等(2011)调查了美国、加拿大、英国和德国的 160 家上市公司年报中的风险信息披露。研究发现,上市公司的风险披露包含很少的定量和前瞻性风险披露,美国上市公司的披露质量最好,德国上市公司次之;各国间风险披露特征的变化只是在一定程度上与国内的披露监管相关,这表明风险披露动机对披露监管具有重要影响。此外,尽管在北美国家,风险披露质量与公司风险正相关,在德国却是负相关。

Lajili 和 Zéghal(2005)分析了 300 家加拿大上市公司年报中披露

的风险信息。研究发现,公司所披露的风险信息主要是定性的,并且公司通常将风险分为财务风险、物价和市场风险(经营风险);公司更多地强调风险导致的损失,而较少披露风险导致收益的可能性以及价值创造的机会;整体来说,公司的风险信息披露缺乏一致性、清晰性以及定量分析,未来公司需要披露更规范化的综合风险信息以降低管理层和股东之间的信息不对称程度。邓传洲和李正(2003)以100家A股上市公司为样本,分析了我国上市公司风险披露现状。研究发现,上市公司虽然均披露了财务风险信息,但是很多公司尚未披露营运风险信息,并且一些上市公司漏掉了重要的风险信息。例如,房地产行业的上市公司虽然对利率风险很敏感,但是样本中的该类公司并未披露利率风险信息,而受汇率风险影响较大的航空公司也未提及相关的汇率风险;上市公司很少披露风险的重要程度或影响范围;缺乏对公司风险管理措施的披露。此外,由于风险信息披露监管要求的不连贯性,上市公司所披露的风险信息不够详细,缺乏可比性。

关于公司风险信息披露的影响因素的研究发现,公司规模(Mohobbot,2005;Linsley 和 Shrives,2005;Deumes 和 Knechel,2008;Elzahar 和 Hussainey,2012)、公司面临的风险(Campbell 等,2014)和公司治理(Abraham 和 Cox,2007;杜莉和戴倩倩,2010)等因素会影响公司的风险信息披露。

Mohobbot(2005)以日本上市公司为样本,发现公司规模与风险信息披露水平显著正相关。Linsley 和 Shrives(2005)运用内容分析法考察了79家英国上市公司年报中的风险信息披露。研究发现,风险信息披露的数量与公司的规模、环境风险水平正相关,但是与公司的资产负债比率、资产保障比率、破产风险指标、账面市值比率和β系数不存在显著的相关性;公司很少对风险信息作出货币化的评价,但是公司具有披露前瞻性风险信息的意愿。总的来说,公司更多地报告了公司整体的风险管理策略,但是在风险的描述中缺乏一致性,这可能会导致股东不能适当地评价公司的风险状况。Deumes 和 Knechel(2008)

以荷兰上市公司为样本,发现公司规模、资产负债比率与风险信息披露水平显著正相关。Elzahar 和 Hussainey(2012)也利用内容分析方法考查了 72 家英国上市公司报告的风险披露信息,研究同样发现,规模大的公司可能披露更多的风险信息,并且行业经营活动的类型与描述性风险信息的披露水平呈正相关,但是流动性、财务杠杆比率、盈利能力和交叉上市等公司特征并没有显著影响公司的风险信息披露水平。

Campbell 等(2014)检验了上市公司在年报中所披露的风险因素的信息含量。研究发现,面临较大风险的公司会披露更多的风险因素,并且公司所面临的风险因素的类型(系统性的风险、特殊的风险、财务风险、法律风险或税务风险)决定了公司是否对该类风险进行更多的披露。

Abraham 和 Cox(2007)研究了公司年报中描述性风险信息的数量与所有权、公司治理和美国上市公司特征的关系。研究发现,公司的风险披露与机构投资者的股权呈负相关,这表明机构投资者偏爱于投资风险披露水平低的公司;不同类型的董事会发挥了不同的效用,具体来说,公司的风险报告水平与执行董事和独立董事的数量呈正相关,但是与非独立的非执行董事的数量不相关;上市公司年度报告中风险信息的类型可能取决于年报所规定的形式。杜莉和戴倩倩(2010)以上证 180 指数中披露描述性风险信息的上市公司为研究样本,分析并考察了我国上市公司年报中描述性风险信息的披露特征。研究发现,公司规模和独立董事的比例与风险信息披露的详尽程度显著正相关,但是机构投资者的持股比例与风险信息披露的详尽程度显著负相关;公司的盈利状况和会计师事务所的类别并没有影响风险信息披露的详尽程度。

自 2005 年起,SEC 要求上市公司在年度报告(10-k)中增加新的内容,即 1A—风险因素,公司需要在这部分讨论对公司有重大影响的风险因素。一些研究检验了这一规定颁布后公司的风险因素披露情况。Campbell 等(2014)发现证据支持 SEC 这一规定的有效性。研究发现,公司的风险因素披露与公司具体风险相关,且对投资者有用。

(二) 公司整体风险信息披露的经济后果

关于风险信息披露的经济后果的研究表明,上市公司所披露的风险信息会影响股价的波动(Deumes,2008;Rajab,2009;Dietrich 等,2001)、股票的收益率(Kravet 和 Muslu,2013;Campbell 等,2014)、资本成本(Courtnage,1998;Linsley 和 Shrives,2000)、交易量和分析师预测的准确性(Kravet 和 Muslu,2013)等。

Deumes(2008)检验了公司是否会向潜在的投资者传递风险信息。研究发现,招股说明书中所披露的描述性风险信息能够成功预测未来整体股票收益风险(也就是未来股价的波动程度)、未来的系统风险(未来股价对市场波动的敏感性),以及股价在招股说明书发布后 30 个月内大幅下跌的可能性。Rajab(2009)研究发现,定量的、负面的风险信息与股票的波动性呈显著负相关,并且负面的风险信息与买卖价差呈显著负相关。这表明披露较多定量和负面风险信息的公司降低了信息的不对称性;对于被很多分析师跟踪的大型上市公司来说,风险披露水平和资本成本没有显著相关性。Dietrich 等(2001)检验了前瞻性的风险信息对资本分配决策的影响。研究发现,明确的信息披露会导致更有效的市场反应,即使当相同的信息可以从财务报表中推测出来时,也是如此;仅披露片面的、有利的风险信息有可能会导致证券价格定价过高,同时进行全面的披露会减轻这种偏误。Tan 等(2007)以2007—2011 年中国上市公司为样本,检验了股价同步性和风险信息披露程度的关系。研究发现,股价同步性与风险披露呈负相关,这表明风险披露对投资者是有用的。此外,这种相关性在面向国际市场的公司中更显著,原因在于国际多元化提高了信息披露的复杂性和相应的风险,这类公司可能会披露更多的公司具体风险以减轻投资者的担忧。因此,与面向国内市场的公司相比,面向国际市场的公司要披露更多的风险因素。

Campbell 等(2014)研究发现,公司所披露的风险因素与市场的 β 系数、股票收益的波动相关。对于那些披露更多的系统风险的公司,风险因素披露与市场的 β 系数相关;而对于那些披露更多的非系统风险的公司,风险因素披露与股票收益的波动性相关。这表明风险因素的披露影响了投资者对公司基本面风险的评价(也就是潜在的商业风险)。研究进一步发现,增加公开可得信息的数量可降低私人信息的比例,从而降低信息的不对称性,同时风险因素披露的长度与年度报告(10-k)发布日前后的短窗口期的异常回报相关。

Courtnage(1998)以及 Linsley 和 Shrives(2000)认为,更高质量的风险披露会降低投资者或债权人为公司不确定性风险所支付的成本,进而会降低资本成本。Kravet 和 Muslu(2013)检验了公司在年度报告(10-k)中的文本型风险披露与市场、分析师行为的关系。研究发现,风险披露的增加会提高股票收益的波动性,从而导致负面收益的波动性,进而导致较高的交易量;风险披露的增加会提高分析师预测的准确性并带来更多的跟踪,但是风险披露的增加会导致更分散的分析师预测修正;与公司具体的风险披露相比,行业层面的风险信息披露对使用者具有更大的影响。

张继勋和屈小兰(2011)利用实验研究方法,检验了管理层讨论和分析中的风险信息对投资者投资判断的影响。研究发现,管理层讨论与分析中的风险信息显著影响了投资者对盈余潜力和投资可能性的判断,并且管理层的诚信度调节了风险信息对投资者判断的影响。

二、金融工具及其衍生品风险信息披露的研究

FASB 先后通过 FAS 105、FAS 107、FAS 119,SEC 通过 FRR No.48,IASB 通过 IFRS 7 等准则和规定提高衍生工具交易信息和风险披露的质量。这些准则和公告要求上市公司确认衍生工具的利得与损失,要求披露名义本金、风险信息以及交易性与非交易性衍生工具的公

允价值等。一些研究检验了这些准则和规定的实施效果。

Seow 和 Tam(2002)以银行为样本,检验了 FAS 105 和 FAS 119 所要求披露的衍生工具信息的有用性。研究发现,交易性和非交易性衍生工具信用风险、公允价值变动收益和损失提供了关于股票收益的有用信息,这些披露包含了盈余和市场系数中的新的、有用的信息。研究也发现名义本金的披露提供了有限的有用信息,但是单独披露交易性衍生工具和非交易性衍生工具的公允价值变动损益并没有显著的影响。Bushee(1996)检验了 FAS 119 实行后 78 家公司的披露情况,研究发现公司基本没有披露准则所鼓励披露的市场风险信息。

Venkatachalam(1996)检验了 FAS 119 规定下,美国银行业表外衍生工具披露的市场价值相关性。研究发现,银行对衍生金融工具公允价值的估计有助于银行解释银行股价的横截面变化,并且公允价值披露对衍生品合约(或名义)金额具有更强的解释力。研究也发现,样本中约一半的银行利用衍生工具后可能会提高所面临的风险而不是降低风险。Wong(2000)发现,公司股票价格对外汇风险的敏感性与公司按照 FAS 119 的要求报告的衍生工具的金额之间具有较弱的相关性。研究认为,FRR No.48 所要求的更全面的披露会更好地揭示公司的市场风险,并能弥补 FAS 119 规定的不足。

大量研究检验了 FRR No.48 所强制要求的风险信息披露的有效性,研究普遍发现 FRR No.48 所强制要求的市场风险披露为投资者提供了有用的信息。Elmy 等(1998)是最早评价 FRR No.48 实施效果的学者。Elmy 等(1998)分析了 35 家最早披露 FRR No.48 所规定的风险信息的公司。研究发现,这些早期的披露遗漏了很多 FRR No.48 规定或建议披露的项目,以后的实施情况评价应该注意公司是否能够遵守 SEC 的规定。Roulstone(1999)比较了 FRR No.48 发布前后 25 家公司的风险信息披露情况。研究发现,大多数公司提供了市场风险的定性和定量信息,但是仅有一半公司讨论了风险度量模型和披露的详细情况及局限性。此外,公司几乎不披露那些被强烈建议提供的背景信息,并且公司似乎更愿意采用更复杂的、审慎的披露方式提供风险信息,而不愿意采用简单且能够阐明风险的信息披露方式提供风险信息。整体来说,尽管公司大大提高了他们的风险信息披露水平,但是未来仍需改进。

Hodder 等(2001)从个体财务报告使用者的角度分析了 FRR No.48 有关市场风险披露的规定对个体使用者行为的影响。研究结论认为,首先,使用者对风险的评价可能要比 SEC 预期的更为复杂,投资者会考虑超出 FRR No.48 披露要求而引起损失的可能性和额外的风险因素,投资者可能还会考虑到可能的收益信息,以及对未知风险的恐惧。因此,投资者的风险评价可能要更复杂,如果提供更详细的定量信息,则可能会降低投资者对未知风险的恐惧。其次,SEC 给予公司披露的灵活性,可能会对使用者的风险判断产生负面影响。例如,FRR No.48 允许公司选择使用表格、VAR 和敏感性分析三种方法中的任意一种进行风险披露。但 VAR 表示每日的风险损失,敏感性分析表示年度风险影响,具有较低的可比性,投资者可能在相同的经济状况下形成不一致的风险感知。最后,FRR No.48 没有要求披露某些对风险评价具有重要影响的定量信息,这可能会导致不恰当的风险评价,因而提供额外的定量信息是有用的,例如,VAR 或敏感性分析中假设的利率变化的完整分布、潜在收益信息、整体风险及其组成部分的信息披露等。Hodder 和 Mcanally(2001)认为,在 FRR No.48 规定下,公司可以选择三种风险披露方式,即敏感性分析、VAR 和表格,这三种披露方式的差异以及敏感性分析和 VAR 中的假设条件的灵活性,会影响分析师对风险披露信息的使用。该研究提供了一种将表格形式的风险披露转化为敏感性分析和 VAR 的方法,从而使分析师可以基于一致的假设推测出公司的风险,使公司的风险披露具有可比性,克服了敏感性分析和 VAR 的局限性。

Jorgensen 和 Kirschenheiter(2003)利用模型研究了管理层对自愿披露公司的市场风险和公司其他具体的风险信息所采取的平衡策略。

研究发现,尽管管理层对风险的自愿披露不会影响其他公司的股票,却会影响其他公司的 β 系数;当投资者对公司具体风险不确定程度更高时,公司更可能自愿披露该类公司所在行业的风险;与不选择披露风险信息的公司相比,披露风险信息的公司具有更低的风险溢价以及较低的 β 系数;与自愿披露风险信息制度相比,在强制风险披露制度下,公司预期的风险溢价和 β 系数都更高;模型预测,如果监管者要求公司披露 FRR No.48 要求之外的公司风险信息,会使预期的 β 系数提高。

一些研究利用 FRR No.48 风险披露的代理变量,运用实证方法检验了 FRR No.48 的风险信息披露效果。Rajgopal(1999)以石油储备的公允价值和衍生工具的名义金额为 FRR No.48 所要求表格和敏感性分析披露的代理变量,检验了 FRR No.48 所要求披露的物价风险的信息含量。研究发现,表格形式、敏感性分析形式的风险披露与石油天然气公司的股票收益对石油天然气价格变动的敏感性显著相关。因此,研究证实 FRR No.48 所要求的市场风险披露反映了公司的风险。此外,研究发现,敏感性分析和表格形式的风险披露有提高石油天然气 β 系数的作用。因此,两种不同形式下的信息不能彼此完全替代,每一种披露形式都反映了石油天然气 β 系数所代表的市场风险的不同方面。研究结果表明,不同信息披露形式之间不具有可比性。

随着越来越多的公司披露衍生工具的风险信息,一些研究开始利用实际的风险披露数据验证 FRR No.48 的风险披露的效果,并且比较了 FRR No.48 所规定的三种风险披露方式。

Linsmeier 等(2002)以 222 家非金融业公司为样本,考查了 FRR No.48 所强制要求的市场风险披露对股票交易量的影响。研究预期市场风险信息的披露是否会降低投资者对公司价值和利率、外汇汇率和商品价格变动的不确定性。研究发现,与预期一致,在公司披露了 FRR No.48 所要求的利率风险、外汇风险和能源价格风险信息后,股票交易量对这些市场利率和价格的敏感性下降了,即使在控制了其他与交易量相关的因素后,结果也是如此。研究结果表明 FRR No.48 市场风险披露给投资者提供了有用的信息。此外,Linsmeier 等(2002)检验了三种可能的风险披露方式(即表格、敏感性分析和 VAR)的效果。研究发现,表格披露方式在降低股票交易量对利率波动的敏感性上更有效,而敏感性分析和 VAR 披露方式在降低交易量对外汇汇率变动的敏感性上更有效。Thornton 和 Welker(2004)发现,与没有披露市场风险信息的公司相比,首次以敏感性分析方法和 VAR 方法进行风险信息披露的公司具有更大的物价 β 系数变动。研究认为 FRR No.48 所强制要求的敏感性披露和 VAR 披露给投资者提供了有用的信息。Lin 等(2010)分析了公司对 FRR No.48 所规定的风险披露方法的选择与公司整体风险、权益成本以及公司具体风险的关系。研究发现,与使用敏感性分析方法的公司相比,使用 VAR 方法披露风险的公司的整体风险和具体风险显著更高;与使用敏感性分析方法的公司相比,综合使用 VAR 风险披露方法和其他方法的公司表现出更高的整体风险、系统风险和公司具体风险。总体来说,选择 VAR 披露方法或联合使用 VAR 风险披露方法和其他方法的公司具有更高的风险,原因可能在于拥有较高风险的公司会选择向市场披露较少信息的方法。

Sribunnak 和 Wong(2006)以衍生工具管理汇率风险并进行敏感性分析披露的公司为样本,检验了当敏感性分析披露中不包含非金融项目时,是否会降低定量信息在预测汇率风险中的有效性。研究发现,超过一半的公司选择不披露非金融风险的定量信息,因此公司所披露的敏感性分析损失主要包括衍生工具头寸、没有反映汇率风险的净敞口。研究进一步发现,公司层面的敏感性分析信息对汇率风险具有较强的预测力,但衍生工具层面的敏感性分析信息却没有较强的预测力,这表明不披露非金融项目风险会降低敏感性分析披露的有效性。Elliott 等(2008)利用实验研究方法,检验了在投资者对财务报表项目可靠性判断上采用敏感性分析披露所产生的影响。因为敏感性分析可以描述一个变动范围内的任意两点,公司可以选择不同的参数传递相同的敏感性信息。研究发现,当报告的参数提高时,投资者的可靠性评价降低。中介分析证明参数是通过影响一组可选择的财务报表项目价值的大小影响可靠性评价。此外,研究也表明,参数的影响反映了投资者对一组可选择项目价值的无意识的信赖,而不是投资者针对管理层传递可靠性的信号所作出的有意识的回应。郑明川和徐翠萍(2002)也发现,VAR风险披露方法是一种更精确的敏感性分析,可以有效地反映金融工具的市场风险。

一些研究也检验了 IFRS 7 的实施效果。Bischof(2009)以 28 个欧洲国家的 171 家银行为样本,检验了 IFRS 7 对披露质量的影响。研究发现,财务报表和风险报告的披露质量普遍提高了,但是披露的关注点已经从市场风险披露转向信用风险披露。

近年来,我国一些学者也分析了美国在衍生工具风险披露方面的监管规定以及我国的现行规定,由此提出了完善我国金融衍生品信息披露的建议。葛家澍和占美松(2008)对 FRR No.48 的市场风险的定性和定量披露要求作出了说明和解释,研究认为分析和理解市场风险信息有助于投资者作出合理的决策。雷英和吴建友(2009)从报表使用者的角度分析了《企业会计准则第 37 号——金融工具列报》所规定的风险信息披露。研究发现,该准则关于市场风险的定义是恰当的,可以帮助报表使用者进行较为有效的风险分析;报表使用者的风险分析要比准则制定者的预期更复杂。研究也发现,目前准则给予管理层的灵活性需要使用者具备较高的风险分析能力。因此,准则制定者和监管者有必要要求商业银行提供某些重要的定量风险信息。颜延(2013)以美国金融衍生工具信息披露的会计改革和披露要求为背景,分析和讨论了我国衍生工具信息披露的不足和完善建议。研究认为,我国现有的披露要求主要是关于公允价值及风险披露的规定,我国需要重视定性披露、加强临时披露、倡导全面披露,并以决策有用性作为信息披露的原则。

第二节 衍生工具的使用和套期保值的研究

作为公司管理风险的一个重要的手段,衍生工具已经越来越广泛地被上市公司使用。如果资本市场是完全有效的,那么利用衍生工具进行套期保值应该是与公司价值不相关的。当不存在信息不对称、税务及交易成本时,利用衍生工具进行套期保值不会影响公司价值,因为股东能够以相同的成本使公司实行的风险管理失效。但是现实中,资本市场不完全有效,这为公司利用套期保值降低风险提供了理论依据。如果利用衍生工具进行套期保值会带来风险溢价,或者如果活跃的交易活动产生了收益,那么风险管理可能也会增加公司价值。关于衍生工具的使用和套期保值的研究主要关注三个方面,即衍生工具的使用及套期保值的影响因素,以及衍生工具的使用及套期保值对公司风险和公司价值的影响。

一、衍生工具的使用及套期保值的影响因素

关于衍生工具的使用和套期保值的影响因素研究主要发现,经理对投资者反应的担忧(Bodnar 等,1998;Bodnar 和 Gebhardt,1999)、税务成本和财务危机成本(Smith 和 Stulz,1985;Judge,2006;Clark 和 Judge,2008)、管理层持有的期权(Tufano,1996;Knopf 等,2002)、融资成本(Geczy 等,1997;Haushalter,2000)和公司风险(Bali 等,2007;Geczy 等,1997;Judge,2006)等因素会影响公司作出利用衍生工具进行套期保值的决策。

Bodnar 等(1998)调查了非金融类公司的经理对使用衍生工具的观点。他们发现,在不使用衍生工具的公司中,有 40% 的经理因为担心投资者对衍生工具的看法,不选择使用衍生工具;而在那些使用衍生工具的公司中,90% 的经理担心投资者和分析师的反应,其中 53% 的经理指出这种担忧程度是较高的。Bodnar 和 Gebhardt(1999)调查

发现德国上市公司的经理也存在类似的担忧,35％的受访者表示较为担忧投资者对衍生工具的看法。

Smith 和 Stulz(1985)以及 Graham 和 Smith(1999)认为拥有凸税收函数的公司会进行套期保值活动,以降低潜在的税务负担。Smith 和 Stulz(1985)还认为陷入财务困境的公司更可能进行套期保值活动,以降低破产成本。Cummins 等(2001)检验了影响美国保险业公司使用衍生工具的因素。研究发现,保险公司利用衍生工具降低财务危机成本使外部资本成本最低化,并且使用衍生工具对资产的波动性、流动性和汇率风险进行套期保值。研究同时表明税金也影响了衍生工具的使用。研究还发现套期保值可能带来风险溢价,这取决于公司面临风险的大小,拥有高风险容忍度的公司不太愿意支付边际成本。

Judge(2006)以英国非金融类公司为样本,检验了公司利用衍生工具对外汇风险进行套期保值的影响因素。研究发现,外汇套期保值与财务危机的预期成本有显著的相关性,外汇风险是影响公司进行套期保值的重要因素,并且公司规模与外汇套期保值决策具有显著正向相关性。Clark 和 Judge(2008)以英国上市公司为样本,检验了财务危机对公司套期保值需求的影响。研究发现,财务危机是外汇套期保值的一个重要决定性因素。

Purnanandam(2008)研究了财务危机成本提高时,公司的风险管理理论模型。研究发现,即使在没有事前承诺的情况下,发行债务后,股东也将进行事后的风险管理。与理论一致,研究发现财务杠杆比例与套期保值之间的关系是非单调性的。债务规模中等的公司,其财务杠杆比例与套期保值之间存在正相关关系;债务规模较大的公司,其杠杆比例与套期保值之间存在负相关关系。此外,处于高度集中行业的公司,杠杆比例对套期保值的影响更大。

Tufano(1996)检验了黄金采矿业中的套期保值活动。研究发现,商品衍生工具的使用与经理、董事持有的期权数量呈负相关,但是与他们持有的股票价值呈正相关。Knopf 等（2002）检验了管理层风险偏好和公司套期保值的关系。研究发现，随着公司管理层所持有的股票期权组合对股价上升的敏感性的提高，公司倾向于进行更多的套期保值；但是当管理层所持有的股票期权组合对股票收益波动程度的敏感性提高时，公司倾向于进行更少的套期保值。

　　Geczy 等（1997）从管理层、债权人和股东的视角检验了公司使用外汇套期保值的决定性因素。研究发现，拥有高增长机会，但是内外部融资困难的公司最可能使用外汇衍生工具，这一结果表明公司可能使用衍生工具去降低现金流波动，从而使公司能够投资有价值的项目。此外，研究还发现使用外汇衍生工具的公司一般规模较大，拥有较多的分析师和管理期权，但是税务状况和管理层持股的情况与没有使用衍生工具的公司类似，并且拥有更高的外汇风险，也更可能使用外汇衍生工具。Haushalter（2000）检验了 1992—1994 年石油天然气公司的套期保值政策。研究发现，公司的套期保值程度与融资成本相关，公司资产负债比例越高时，价格风险越低。研究也发现，套期保值的可能性与套期成本的大小和套期工具的基差风险相关。规模较大的公司以及产品价格与交易所衍生工具的价格高度相关的公司更可能面临管理风险。Carneiro 和 Sherris（2008）利用 1998—2003 年澳大利亚上市公司为样本，检验了公司利用衍生工具进行套期保值的需求。研究发现，公司整体的资产负债率并没有显著影响利率风险套期保值需求；公司的利率风险套期保值需求与面临利率风险的那部分公司负债的具体风险相关。研究还发现，利率风险套期保值与公司规模、流动利率债务比例、年度收益以及公司所属的行业类型（公用事业和非银行金融机构）显著相关。

　　Faulkender（2005）研究发现，公司利用衍生工具管理利率风险的动机主要是投机，而不是套期保值。Chernenko 和 Faulkender（2011）使用大样本的人工收集的面板数据，检验了公司使用衍生工具的动机是套期保值还是投机。研究发现，套期保值和投机都影响衍生工具的使用,考虑到较高的外部融资成本,公司会利用衍生工具进行套期保值。当高管因成功的投机行为而被奖励或投机行为可以使公司达到盈余目标时,公司更可能利用衍生工具进行投机。刘淑莲(2009)分析了企业使用衍生工具的目的。研究认为,企业使用衍生工具不仅是为了降低风险和投机,而且是为了以较小的成本或风险规避较大的风险,即利用风险承担来获取收益。

Bali 等(2007)以 1995—2001 年非金融业公司为样本,检验了非金融业公司针对外汇风险、利率风险和物价风险所使用的衍生工具。研究发现,利用衍生工具进行套期保值仅与物价风险显著相关,与利率风险的相关性很有限。研究表明,利用衍生工具进行套期保值对公司的收益率并不总是重要的,可能与其他非财务和经济因素相关。

Nguyen 和 Faff(2010)检验了公司选择衍生工具的影响因素。研究将样本细分为单独使用一种衍生工具的样本和非单独使用一种衍生工具的样本。研究发现,在单独使用一种衍生工具的样本中,市价、账面比率和资本投资是公司使用物价衍生工具的主要决定因素;经营现金流和流动资产是公司使用利率衍生工具的主要决定因素;流动资产是公司使用外汇衍生工具的主要决定因素。长期负债对利率衍生工具的使用具有正面影响,但是对外汇衍生工具的使用具有负面影响,且资本投资仅影响物价衍生工具的使用。研究也表明,某种特定类型的衍生工具的使用并不取决于公司的规模,因此,以往研究关于公司规模影响衍生工具使用的发现可能是因为样本中包含了使用多种衍生工具的公司。

Barton(2001)研究发现,在控制了平滑盈余后,公司的外汇和利率衍生工具的持有量与公司的异常应计显著负相关。这表明,公司把衍生工具作为操纵性应计手段的部分以替代平滑盈余。Pincus 和 Rajgopal(2002)扩展了 Barton(2001)的研究,关注于单一行业内(石油天然气公司)的商品衍生工具。研究结果表明,利用异常应计平滑盈余的程度并不是套期保值数量的重要影响因素,相反,套期保值的程度是利用异常应计平滑利润程度的重要影响因素。也就是说,石油天然气制造业公司的经理会先确定套期保值的程度,然后,尤其是在第四季度,通过表外的异常应计和套期保值管理盈余波动。

二、衍生工具的使用和套期保值对公司风险的影响

使用衍生工具进行风险管理的公司数量逐渐增加,相关监管部门关于衍生工具信息披露的规定也使衍生工具使用数据的可获得性逐步提高。因此,大量研究采用实证方法检验衍生工具对公司风险的影响,但是尚未得出一致的结论。

一些研究发现,衍生工具的使用可以降低公司所面临的风险。Guay(1999)检验了衍生工具的使用对公司风险的影响。研究发现,公司一般利用衍生金融产品进行套期保值,降低公司层面的风险。具体来说,与那些没使用衍生工具的公司相比,使用了衍生工具的公司的股票收益波动程度、利率风险和外汇风险会显著降低,全样本公司的股票收益波动程度平均降低5%,使用利率和汇率衍生工具的公司的利率风险平均降低22%,而外汇风险平均降低11%。Tufano(1998)证实套期保值和风险之间存在显著的负向关系,利用衍生工具进行套期保值的黄金采矿业公司具有更低的黄金价格风险。Adam和Fernando(2006)研究也发现,使用衍生工具可以降低黄金采矿业公司一年的黄金价格风险,平均降低54%的价格风险。

Allayannis和Weston(2001)检验了378家使用与外汇汇率相关的衍生工具的美国公司,发现衍生工具能够显著降低样本公司的汇率风险。Bartram等(2011)以47个国家的6 888家非金融类公司为样本,检验了衍生工具的使用对公司风险的影响。研究发现,金融衍生工具的使用会降低整体风险和系统风险。具体来说,使用衍生工具的公司具有显著更低的现金流波动性、股价的非系统性波动和系统风险。这表明非金融类公司整体利用衍生工具降低风险,在控制了大量公司特征、国家和行业的差异后,这一结果也是稳健的。Nguyen和Faff

(2010)认为,尽管公众担心使用衍生工具会提高公司的风险,但是研究表明在大多数情况下,金融衍生工具是被用来套期保值的,因此公众对衍生工具会使公司面临过度风险的担忧是没必要的。

相反,一些研究则发现衍生工具的使用对公司风险的影响是很有限的。例如,Hentschel 和 Kothari(2001)以 425 家美国大型上市公司为样本,检验了公司是否利用衍生工具进行套期保值或投机。研究发现,很多公司都会持有大额的衍生品头寸以对风险进行管理,但是使用衍生工具的公司风险与没有使用衍生工具的公司风险并没有很大的差异,即使是在那些大量使用衍生品的公司中,股票回报的波动与衍生品的使用也没有显著关系。因此,衍生工具的使用对风险或波动性没有重大影响。Guay 和 Kothari(2003)研究发现,相对于公司层面的风险,大多数公司持有的衍生工具的头寸的规模比较小。因此,衍生工具不太可能对公司层面的利率风险、外汇风险或股票收益的波动性产生较大的影响。

三、衍生工具的使用和套期保值对公司价值的影响

大多数公司风险管理的理论研究认为,公司可以通过套期保值提高公司价值。Smith 和 Stulz(1985)认为,套期保值可通过降低破产成本的可能性提高公司的价值,并且这种影响对那些拥有较高的财务危机成本的公司会更大。研究还认为,那些应纳税所得函数为凸函数的公司,对应纳税收入进行套期保值可以降低所得税费用。Froot 等(1993)拓展了 Smith 和 Stulz(1985)的研究,阐明了套期保值对面临融资约束的公司价值的影响。研究认为,在外部资本包含净损失成本的情况下,需要外部融资的公司在内部现金流足够低时会发生投资不足的情况,而在这种情形下套期保值产生的额外的现金流会解决投资不足的问题。Froot 等(1993)模型的一个重要特征是考虑了公司的投资机会和来自可套期保值风险的现金流的相关性,如果存在正相关性,则可能仅需要较少的套期保值。因为公司拥有自然的套期保值(即当

现金流量低时,投资机会也会低),所以当投资机会与现金流量的风险因素的正相关性较弱时,套期保值对公司更有价值。此外,Froot 等(1993)的模型表明,如果在可套期的现金流下降时出现外部融资成本上升的情况,那么套期保值就会变得更有价值。本质上来说,在外部资本成本较高时,套期保值可以使公司获取外部资本的需求最小化。Tufano(1998)在 Froot 等(1993)的模型中加入管理层和股东代理成本,证明了套期保值可能会使管理层破坏公司价值。Tufano(1998)的研究假定管理层可能会占用超过投资项目所创造的价值的资金。外部资本提供者了解这种代理问题,从而拒绝为这类投资项目提供资金。为避免在出现较低的现金流量后无法投资所青睐的项目,公司可能会进行套期保值。

随着一些会计监管规定和准则的发布及衍生工具使用数据的可获得性,大量研究运用实证方法检验了衍生工具使用的经济后果,得出的研究结论是混合的。

与理论研究一致,一些研究发现使用衍生工具会增加公司价值(Allayannis 和 Weston,2001;Adam 和 Fernando,2006;Carter 等,2006)。

Allayannis 和 Weston(2001)以 720 家美国的非金融业公司为样本,检验了面临外汇风险的公司使用外汇衍生工具是否会增加公司的价值。研究发现,使用外汇衍生工具与公司价值呈正相关。具体来说,与没有使用外汇衍生工具的公司相比,面临外汇风险并使用外汇衍生工具的公司的价值高出 4.87%。此外,研究也检验了套期保值是否会导致公司价值的上升,研究发现,与没有套期保值的公司相比,开始套期保值的公司的价值会提高,而放弃套期保值的公司与依然选择进行套期保值的公司相比,公司价值会下降。

Adam 和 Fernando(2006)认为 Allayannis 和 Weston(2001)的研究没有区分公司价值的增加是源于市场缺陷的缓和,还是期货市场的风险溢价,以及是否存在选择性套期保值。Adam 和 Fernando(2006)

认为,衍生工具导致公司价值的增加是由于期货市场的风险溢价。Adam 和 Fernando(2006)以 1989—1999 年北美 92 家黄金采矿业公司为样本,研究了公司使用衍生工具是否有价值。研究发现,不论黄金价格如何变化,公司都可以从衍生品交易中获取持续、正向的现金流,而大部分使用衍生工具的现金流收益来自黄金市场持续、正面的风险溢价,也就是期货价格持续超过未来的现货价格;使用衍生工具并没有增加公司的系统风险,这表明衍生工具交易可以增加股东价值,与有选择性的套期保值的轶事证据相一致;对冲比率和衍生工具的现金流波动过高,无法仅用公司套期保值的基本面信息来解释。但是研究发现在最好的情况下,这种投机性的行为所带来的现金流收益也是较小的。

Carter 等(2006)研究了 1992—2003 年美国航空业公司的套期保值行为。研究发现,燃油套期保值与航空业公司的价值呈正相关,并且套期保值溢价要比 Allayannis 和 Weston(2001)研究中的套期保值溢价高 5%,甚至 10%;套期保值与资本投资中的价值增加呈显著正相关,并且大多数套期保值溢价可归因于套期保值与投资的交互作用。此外,研究结果表明,燃油套期保值的主要收益源自投资不足、成本的降低。Graham 和 Rogers(2002)研究发现,衍生工具的使用与偿债能力呈显著正相关,并且衍生工具所诱发的偿债能力进一步提高了公司价值,平均约为 1.1%。Nelson 等(2005)检验了 1995—1999 年披露使用衍生工具进行套期保值的公司的年度股票业绩。研究发现,21.6% 的美国上市公司使用衍生工具进行了套期保值,并主要集中在大型公司;与商品衍生工具相比,公司更经常使用利率和货币衍生品。在 1 308 家公司样本中,进行套期保值的公司的业绩在样本期间平均比其他公司的业绩高 4.3%。但是这些良好的业绩完全是由于大型上市公司对货币进行了套期保值,那些对利率或商品进行套期保值的公司并没有异常回报。

Bartram 等(2009)以 48 个国家的 7 309 家非金融业公司为样本,

检验了套期保值对公司价值的影响。研究发现,不论是美国公司还是其他国家的公司,利率风险套期保值都与公司价值相关,但是研究没有发现使用外汇衍生工具与公司价值之间的相关性。研究还发现,使用外汇衍生品的公司具有较高比例的外国资产、销售额和利润,而使用利率衍生品的公司具有较高的财务杠杆。因此,这表明了公司是以衍生品管理风险而非简单投机。Allayannis 等(2012)以来自 39 个国家的拥有较高外汇风险的公司为样本,检验了外汇衍生品对公司价值的影响。研究发现,使用外汇衍生工具会给拥有较高公司治理水平或国家层面治理水平的公司带来显著的价值溢价。

Pramborg(2004)以 1997—2001 年瑞典上市公司为样本,检验了套期保值活动对公司价值的影响。研究发现,套期保值交易与公司价值正相关,但是外汇风险套期保值并没有增加公司价值。相反,一些研究发现,衍生工具的使用并不会影响企业的价值。Guay 和 Kothari(2003)以 234 家使用衍生工具的大型非金融公司为样本进行研究,发现对于大多数样本公司来说,套期保值组合所带来的现金流相对于经营和投资现金流、经营现金流的绝对值变化、会计收益、现金持有量和公司规模来说较小。因此,衍生工具不太可能对样本公司的现金流或价值产生显著的影响。研究认为需要重新考虑过去实证研究文献所验证的公司衍生工具使用的重要性。Jin 和 Jorion(2006)以 1998—2001 年的 119 家美国石油天然气公司为样本,检验了套期保值对公司价值的影响。研究发现,套期保值会降低公司股价对石油和天然气价格的敏感性,但并未发现套期保值会影响公司的市场价值。他们认为 Allayannis 和 Weston(2001)所发现的套期保值对公司价值的影响可能很难被解释,因为 Allayannis 和 Weston(2001)没有很好地控制诸如价值、套期保值或风险变化等内生性问题。同样,Bartram 等(2011)考查了衍生工具的使用对公司价值的影响,作者基于公司套期保值的倾向,将使用衍生工具的公司和不使用衍生工具的公司进行配对以控制内生性。研究发现,衍生工具的使用对公司价值具有正面影响,但是影响很小,并且对内生变量和遗漏变量更敏感。作者认为正是这种较高的敏感性解释了之前套期保值对公司价值的影响与研究结论不一致的原因。

Treanor 等(2014)检验了美国航空业公司风险、套期保值政策和公司价值的关系。研究发现,为了应对较高和上升的燃油价格以及相应的燃油价格风险,航空公司倾向于进行更多的套期保值活动;研究也证实存在正向的套期保值溢价,但是套期保值和风险之间的关系并没有影响公司的价值。因此,研究认为,与采取稳定的套期保值政策的航空公司相比,那些因为燃油价格上升而增加套期保值行为的公司并没有被赋予更高的价值。Othman 和 Ameer(2009)以马来西亚公司为样本,研究发现衍生工具的使用和公司价值没有相关性。

一些研究从管理层动机角度考查了衍生工具对公司价值的影响。Hagelin 等(2004)研究发现,当公司进行套期保值活动的动机源自管理层的股票期权时,公司的价值会下降。因此,如果套期保值活动被用来降低管理层股票期权的股价敏感性,那么套期保值会损害公司价值。Fauver 和 Naranjo(2010)以 1991—2000 年使用衍生工具的美国 1 745 家上市公司为样本,检验了衍生工具的使用对公司价值的影响。研究发现,对于拥有较高代理成本和监督问题(即不太透明、较大的代理成本、较弱的公司治理水平、较高的信息不对称性问题和较差的监督机制)的公司,托宾 Q 值和衍生工具的使用负相关。

四、衍生工具的使用对个体投资者判断的影响

有关衍生工具的研究数据来自资本市场,是所有市场参与者共同作用的结果。仅从数据来看,个体投资者的反应和机构投资者的反应难以区分。并且在比较衍生工具使用所带来的影响时,实证研究也很难控制公司之间的经济差异以及所提供信息的差异。因此,一些研究利用实验研究方法检验个体投资者对衍生工具使用的反应。

Koonce 等(2005)提出并检验了用以解释投资者如何感知金融风

险的模型。该模型综合考虑了传统的决策理论变量——风险的可能性和结果，以及 Slovic(1987)提出的行为变量——恐惧和未知。作者利用两个实验去检验投资者如何对多种金融项目进行风险评价。他们发现决策理论变量和行为变量都对投资者的风险判断有重要的影响，并且投资者感知到的损失的大小在直接影响投资者的风险判断之外，还通过影响行为变量(恐惧变量)间接影响投资者的风险判断。

Koonce 等(2005)检验了公司用来描述金融工具及其衍生品的标签，以及衍生工具的风险披露形式对投资者的风险评价的影响。研究发现，公司用来描述金融工具及其衍生品的标签会使投资者对具有相同经济风险的金融工具作出不同的风险评价。具体来说，与固定利率债务相比，投资者认为浮动利率债务组合让浮动利率变为固定利率的互换的风险更高；但是当浮动利率债务和让浮动利率变为固定利率的互换的组合被标记为套期保值时，投资者的风险评价会更低。进一步发现，即使提供了关于金融工具的现金流和公允价值的经济风险的额外信息，也无法消除上述标签效应。此外，作者进一步检验了衍生工具的风险披露形式对投资者风险评价的影响。研究发现，仅披露衍生工具风险的单面信息(即可能导致的损失)会使投资者对拥有不同风险的公司作出相同的风险评价。具体来说，在提供衍生工具的单面损失信息的情况下，投资者的风险评价与提供双面披露并表明损失大于收益的情况下的风险评价类似。进一步发现，给投资者提供关于衍生工具风险的双面信息披露有助于投资者区分公司所使用的不同的风险管理策略。

Koonce 等(2008)检验了在获悉公司使用衍生金融工具所带来的结果后，投资者如何评价管理层使用衍生金融工具的决策。研究发现，在控制经济差异的情况下，与没有使用衍生金融工具规避风险的管理层相比，投资者认为使用衍生金融工具的管理层的后悔程度更低，满意度更高，对公司的估值也相应更高。这表明投资者奖励了那些使用衍生工具规避风险的公司。作者认为这是因为投资者决策上的谨慎性。具体来说，与不使用衍生金融工具的管理层相比，使用衍生金融工具的管理层表现出了较高的决策谨慎性。因此，投资者也相应地给予了较高的评价。进一步研究发现，与运用衍生金融工具进行套期保值相比，当管理层运用衍生金融工具进行投机时，投资者感知到的满意度、决策谨慎性和决策合理性均更低。

Koonce 等(2013)研究了关于衍生工具使用的行业规范或公司规范是否会影响投资者对管理层的衍生工具决策的评价。研究发现，投资者对衍生工具使用的有利或不利的反应取决于关于衍生工具的行业规范或公司规范。具体来说，当公司的行为导致不利的经济后果时，依照行业规范来选择是否使用衍生工具的公司，投资者对它的评价会更高。也就是说，投资者会认为管理层对不利的经济后果应承担较小的责任，并且投资者认为公司价值下降的幅度也较小。进一步的研究发现，投资者感知到的决策谨慎性和决策合理性中介了衍生工具决策和行业规范对管理层责任和公司价值评价的影响。当公司遵循规范选择使用衍生工具时，投资者认为该公司管理层应承担的责任更低，公司价值下降的幅度更小；但是遵循规范选择不使用衍生工具的公司，与使用衍生工具的公司相比，投资者对管理层责任和公司价值的评价没有显著差异。同时研究发现，与公司规范相比，投资者认为行业规范更有影响力，即对投资者的判断的影响更大。

Koonce 等(2011)研究了金融工具的属性(资产或负债)、公允价值是否导致收益或损失，以及金融项目被出售或清算的时间(立即出售、清算或不出售、清算)如何影响投资者对金融工具公允价值相关性的判断。研究发现，与金融负债相比，投资者认为金融资产公允价值的相关性更高，但投资者认为公允价值收益和损失的相关性没有显著性差异；并且当金融资产公允价值变动为收益时，投资者认为公司的价值更高，但无论金融负债公允价值变动是收益还是损失，投资者对公司价值的判断没有显著差异；与持有的金融工具相比，投资者认为立即出售的金融工具公允价值的相关性更高，并且投资者对公司价值的评价也更高。进一步研究发现,放弃选择的信息并没有对投资者的相关性判断和估值判断产生影响。

第三节　信息列报及披露方式的相关研究

会计准则和金融监管机构在信息披露方式上给予了管理层一定的灵活性,使披露信息在位置、列示范围、透明性、表达方式等方面存在较大差异。Maines 和 McDaniel(2000)以其他综合收益列报为背景,提出了信息列报方式影响投资者的业绩评价判断的框架。研究认为,信息列报方式通过影响投资者的信息获取、评价以及对信息赋予的权重,进而影响投资者的信息加工和由此作出的判断。Kleinmuntz 和 Schkade(1993)认为信息列报方式的三个方面会影响决策过程:信息的组织形式(如顺序列示或同时列示等)、信息列示的表达形式、信息列示的先后顺序。考虑到实证研究很难将信息列报内容和信息列报形式的影响区分出来。因此,本书对信息列报和披露方式的研究主要采用的是实验研究方法。

一、信息列示形式研究

(一) 分项列示和综合列示研究

Hirst 等(2007)检验了管理层盈余预测的特征(分项或综合)是否会影响盈余预测的可靠性,以及分项预测是否会调节管理层动机和预测可靠性的关系。研究发现,分项预测被认为比综合预测更可靠,并且分项预测降低了管理层高盈余管理动机的影响。Elliott 等(2011)检验了分项的管理层预测如何能够降低投资者对所报告的盈余的锁定效应。研究发现,与初始观察到综合的管理层盈余预测(仅包含盈余)相比,当投资者观察到分项的管理层预测(盈余和它的组成部分)时,投资者的盈余锁定会降低。相关学者利用心理账户理论研究了公司的管理层是否对利润表中的收益和损失的综合列示或分项列示存在系统偏好,以及财务报告的透明度压力是否影响管理层的这一偏好。研究发现,与心理账户理论预测相一致,公司管理层对收益和损失的分项列示的偏好取决于整体的结果(也就是净收益或净损失)及其组成部分的金额大小。Libby 和 Brown(2013)检验了自愿对利润表项目进行分项列示能否降低审计师对财务报表项目的错报的容忍度,进而提高利润表项目的可信度。研究发现,在利润表中分项列示费用项目会显著降低审计师可接受的错报的金额,当在附注中分项列示费用项目时,上述影响显著降低。

(二)区间预测和点预测的研究

Hirst 等(1999)研究了管理层盈余预测的形式对投资者判断的影响。研究发现,管理层盈余预测的形式(点预测和区间预测)并没有显著影响投资者在收到管理层预测之后作出的盈余预测,却显著影响了投资者对盈余预测的信心。研究也发现,管理层盈余预测的形式对投资者预测盈余的信心的影响取决于管理层前期预测的准确程度。具体来说,当管理层前期预测准确程度较高时,投资者对点预测的信息判断的准确性要显著高于对区间预测的信息判断;当管理层前期预测的准确程度较低时,投资者对区间预测和点预测的信息判断的准确性没有差异。Han 和 Tan(2007)研究了管理层盈余预测形式对投资者判断的影响及其影响机制。研究发现,管理层盈余预测的形式对投资者判断的影响取决于投资者的与盈余相关的知识水平。此外,研究也验证了 Hirst 等(1999)的结论,即较为准确的管理层盈余预测形式(如点估计形式)可以提高投资者在作判断时的信心。

Han 和 Tan(2010)进一步拓展了管理层预测形式的研究,检验了投资者的投资头寸(多头或空头)、管理层盈余预测的消息性质和预测形式对投资者判断的影响。与 Hirst 等(1999)的研究结论相反,研究发现,管理层预测形式会影响投资者的投资判断。具体来说,当管理层预测的是正面消息时，多头头寸的投资者对区间预测形式作出的盈余预测高于对点预测形式作出的盈余预测，而空头头寸的投资者对区间预测形式作出的盈余预测低于对点预测形式作出的盈余预测；当管理层的预测的是负面消息时，则不存在上述影响。

(三) 信息表达形式研究

Nelson 和 Rupar(2015)检验了敏感性分析披露的数值形式(绝对值形式或百分比形式)如何影响投资者的风险判断。研究发现，与百分比形式的披露相比，绝对值形式的披露会使投资者作出更高的风险评价。此外，研究发现管理层是否可自由决定披露的数值形式，会调节披露的数值形式对投资者风险评价的影响。

Lee 等(2009)研究了医疗领域风险信息的列示形式对风险认知的影响，发现在保持真实的风险水平不变的情况下，在风险饼状图形式下被试感知到的风险水平低于其余几种信息形式(包括比例形式)下的风险水平。

二、信息列报和披露位置的研究

Hopkins(1996)检验了将兼具负债和权益属性的混合金融工具(强制可赎回优先股)放置在资产负债表的不同位置如何影响财务分析师对公司股价估值。研究发现，与列示为所有者权益项目相比，当混合金融工具被列示为负债时，分析师预测的普通股价更高。Hirst 和Hopkins(1998)检验了综合收益的不同列报位置如何影响财务分析师对公司的估值。研究发现，与列示在股东权益变动表中相比，将可供出售金融证券的公允价值变动损益列示在利润表会提高公司盈余管理活动的透明性；将可供出售金融证券的公允价值变动损益列示在股东权益变动表中则没有相应的效用。

Maines 和 McDaniel(2000)检验了可供出售证券的公允价值损益列报在不同的财务报表中如何影响投资者的投资判断和决策。具体来说,与列报在股东权益表相比,当可供出售的金融证券公允价值变动损益列报在综合收益表中时,非职业投资者对公司和管理层业绩的判断与综合收益的波动有关。研究也表明,上述影响产生的原因是列报方式影响了投资者对综合收益信息赋予的权重,而不是投资者对信息的获取和评价。Hodge 等(2010)发现,当财务信息在一个单独的报表中列报时,非职业投资者能够更迅速地了解当期现金流、应计项目以及未来现金流的实现之间的关系。同时,在这种情况下投资者的绝对预测偏差和预测的离散程度要更低。

张丽霞和张继勋(2013)检验了公允价值变动损益的列报形式(作为净利润项目列示或其他综合收益列示)对投资者投资判断的影响。研究发现,在金融负债公允价值变动被列示为综合收益项目的情况下,当信用风险下降时,投资者对市盈率和投资者吸引力的评价更高;而在将金融负债公允价值变动列示为净利润项目的情况下,投资者在信用风险上升和下降时的投资判断没有显著差异。

第四节　对以往相关研究的评述

通过对相关文献的回顾,我们发现,大量文献研究了风险信息披露、衍生工具的使用和套期保值,以及信息列报和披露方式。在风险信息披露的研究中,现有的文献主要采用实证研究方法,分别检验了公司整体风险信息披露和衍生工具的风险信息披露情况。对于公司整体风险信息披露的研究,现有文献主要利用内容分析法考查了风险信息披露的质量和影响因素,检验了风险信息披露导致的经济后果,很少有研究检验单一的某种风险信息披露(如物价风险)对公司的影响;对于衍生工具风险信息披露的研究,现有的文献大多关注检验衍生工具风险信息披露的有用性,以及相关监管机构所发布的准则和规定的有效性。目前在风险信息披露的研究中,尚未有文献考查公司所披露的商品价格风险信息和衍生工具风险信息的影响。

关于衍生工具的使用和套期保值的研究主要有三个方面,即衍生工具的使用、套期保值的影响因素,以及衍生工具的使用及套期保值对公司风险和公司价值的影响。大多数研究采用实证研究方法,但是对于衍生工具的使用及套期保值对公司风险和公司价值的影响尚未得出一致的结论,原因可能在于未整体考虑衍生工具影响规模和样本的选取,以及对诸如价值、套期保值或风险变化等内生性问题的控制。虽然一些研究利用实验方法检验了衍生工具的使用对投资者的感知和判断的影响,但是该领域内的实证研究和实验研究均未考虑相关风险信息披露的影响。

此外,关于信息列报和披露方式的研究大多数采用实验研究方法,聚焦于不同的信息披露方式如何影响投资者的判断和决策,且多是考查盈余预测、损益信息列报等领域内的列报和披露方式的影响,关于风险信息的披露方式的研究很少。并且,尚未有研究检验风险信息的定性披露和定量披露的影响。

因此,根据相关文献回顾,目前关于风险信息披露方式和衍生工具的使用及套期保值的研究,主要存在以下四个问题,对此有待进一步研究。

(一) 风险信息披露对个体投资者判断的影响

在风险信息披露的相关研究中,现有文献主要是利用实证数据分别检验了公司整体风险信息披露的影响以及衍生工具风险信息披露对个体投资者判断的影响。关于公司整体风险信息披露的研究主要探讨风险信息披露对公司的股价、资本成本等方面的影响,并且很少有研究检验某种具体的风险信息披露的影响(如商品价格风险等)。关于衍生工具风险信息披露的研究主要是检验了相关的风险披露准则的有效性。现有研究并没有综合考虑商品价格风险(被套期项目的风险)和衍生工具风险披露所产生的共同影响。考虑到这两种风险之间的相关性,当公司同时披露了被套期项目的风险和衍生工具的风险时,投资者如何评价公司的风险,投资者是否会正确判断公司套期保值后的净风险,投资者的投资判断是否会受到管理层所选择的风险信息披露方式的影响,这些问题有待进一步研究。此外,相关的风险信息披露的实证研究主要考查的是市场对风险信息披露的反应,该反应是所有市场参与者(包括个体投资者和机构投资者等)共同参与的结果,无法将个体投资者的反应区分出来,很难了解个体投资者的判断和决策。因此,本书利用实验研究考查风险信息披露如何影响个体投资者的风险判断和决策。

(二) 衍生工具的使用和套期保值的研究尚未达成一致

本研究检验了利用衍生工具进行套期保值及相关的风险信息披露对投资者的风险评价和投资决策的影响。在公司使用衍生工具进行套期保值的研究中,现有的研究文献大多利用实证研究方法检验衍生工具的使用对公司风险和公司价值的影响,少量研究利用实验研究方法检验个体投资者对公司使用衍生工具后果、行业规则等作出的反应,但是均没有涉及衍生工具相关的风险信息披露以及被套期项目的风险信息披露会如何影响投资者的风险评价和投资决策,并且也未考虑不同的套期保值比例对投资者的风险评价和投资决策的影响。

此外,虽然大量研究利用实证方法检验了衍生工具的使用对公司风险和公司价值的影响,但是由于变量衡量的方法的差异、对衍生工具使用规模,以及内生性问题等,这类研究尚未得出一致的结论。例如,Bartram 等(2011)研究发现,使用金融衍生工具会降低整体风险和系统风险。但是,有学者认为上述研究没有考虑到衍生工具的规模,得出的结论可能存在问题。例如,Guay 和 Kothari(2003)发现,大多数公司持有的衍生工具的头寸的规模比较小,衍生工具不太可能对公司层面的风险产生较大的影响。在衍生工具使用对公司价值的影响方面,Allayannis 和 Weston(2001)研究发现,与没有使用外汇衍生工具的公司相比,面临外汇风险并使用外汇衍生工具的公司的价值高出 4.87%。

Graham 和 Rogers(2002)研究发现,衍生工具所诱发的偿债能力进一步提高了公司价值,平均约为1.1%。但是,Guay 和 Kothari(2003)研究发现,对于大多数样本公司来说,套期保值组合所带来的现金流相对于经营和投资现金流、经营现金流的绝对值变化、会计收益、现金持有量和公司规模来说是较小的。因此,衍生工具不太可能对样本公司的现金流或价值具有显著的影响。有研究认为,需要重新考虑过去实证研究文献验证的公司衍生工具使用的重要性。Jin 和 Jorion(2006)研究发现,套期保值不会影响公司的市场价值。他们认为 Allayannis 和 Weston(2001)没有很好地控制诸如价值、套期保值或风险变化等内生性问题。

实验研究可以避免实证研究中存在的上述问题,如 Koonce 等(2008)研究发现,在控制了经济差异的情况下,与没有使用衍生工具规避风险的管理层相比,投资者认为使用衍生工具的管理层的后悔程度更低,满意度更高,对公司的估值也相应更高。但是,Koonce 等(2008)研究尚未考虑衍生工具相关的风险信息披露以及被套期项目的风险信息披露对投资者的风险评价和投资决策的影响。

(三) 缺乏风险信息披露方式的研究

鉴于实证研究很难将信息列报内容和信息列报形式的影响区分出来,因此,有关信息列报和披露方式的研究主要采用的是实验研究方法。关于信息列报和披露方式的实验研究主要从不同角度探讨了信息列报的方式对投资者的判断和决策的影响,如分项列示和综合列示,区间预测或点预测,以及列报的位置、信息的表达方式等。研究均发现,不同的信息列报形式会影响个体投资者的判断和决策。但是大多数研究考查的是盈余预测或公告、损益的列报等领域内的列报方式的影响,很少有研究检验风险信息披露方式的具体影响。Nelson 和 Rupar(2015)研究了会计领域敏感性分析的风险披露的数值形式(绝对值形式或百分比形式)对投资者的风险判断的影响。研究发现,与百分比形式的披露相比,绝对值形式的披露会使投资者作出更高的风险评价。目前,尚无关于风险信息的定量披露形式和定性披露形式对投资者风险评价和投资判断影响的研究。

(四)缺乏对风险信息披露方式及套期保值相互影响的研究

关于风险信息披露的研究主要是利用实证数据分别检验了公司整体风险披露(包含被套期项目的风险)和衍生工具的风险披露的影响,尚未综合考虑两者的共同影响。关于信息披露方式的研究也仅仅考虑了不同的信息列报方式的影响,并且涉及风险信息披露方式的研究很少,尤其缺乏对风险信息披露方式和套期保值的交互作用的研究。因此,风险信息披露方式和套期保值比例这两个因素如何交互作用而共同影响投资者的投资判断是研究需关注的重点。目前,关于利用衍生工具进行套期保值的实证研究尚未得出一致的研究结论,而相关的实验研究也未考虑与衍生工具相关的风险信息披露对投资者判断的影响。因此,有必要考查在公司使用衍生工具进行套期保值,并采取不同方式披露相关的风险信息时,投资者会如何评价公司的风险并作出投资决策。本书利用实验研究,不仅可以直接测度个体投资者对公司风险的感知及相应的投资判断,也可以探查风险信息披露方式和套期保值比例对投资者判断的影响机制。

第三章 理论分析与研究假设

第一节 基 础 理 论

传统经济学理论认为,人是理性的,以追求利益最大化为目标,"经济行为人"能够对所有可得的信息进行全面系统的分析,在众多选择中作出最优的决策。因此,在半强势有效的市场中,理性的投资者积极参与竞争,理解和处理所有可得的信息,足以消除某些投资"新手"行为中的偏差,最终使市场的价格能够反映所有公开可得的信息(Fama, 1970;Beaver 等,1997),投资者的信息加工偏误不会影响有效的资本市场(Gonedes 和 Dopuch,1974)。根据传统经济学理论,信息列报的方式、会计政策变更等都不会影响投资者的决策,理性的投资者可以看穿信息列报方式背后的经济实质,因此信息列报方式不会影响资本市场。然而大量研究对市场的有效性提出了质疑,一些研究发现没有实际经济影响的会计政策变更也会影响市场定价(Hand,1990;Sloan,1996;Vincent,1997),盈余公告后存在价格漂移(Ball 和 Bartov,1996;Brown 和 Han,2000)。此外,理论和实证研究也证明,人是具有有限理性的(Simon,1956)。由于个体的认知系统能力的有限性和决策环境的复杂性,个体并不总是以理性的态度作出决策,个体的风险态度和行为与传统经济学的最优决策模式假设存在偏离。在现实中,个体存在诸多认知偏差,而这些偏差不可避免地会影响到人们的投资判断和行为,进而影响到资产定价。

一、信息加工理论

(一) 信息列报和披露方式对判断和决策的影响

现代认知心理学是以信息加工为核心的心理学(王甦、汪安圣，1992)。利用信息加工理论可以研究和解释人类的认知过程和决策判断行为。现代认知心理学认为，人的认知过程是一个收集信息、加工信息和输出信息的过程。在这个过程中，人作为一个具有主观能动性、积极的信息加工者，对外界信息进行编码和解读。个体的判断决策过程实际上是一个问题的解决过程。在这个过程中，个体采取某种信息加工策略，对现有的信息进行编码和解读，进而作出判断和决策。

根据信息加工理论，个体在判断和决策过程中的信息加工可以分为三个步骤：信息的获取、信息的评价和信息的加权。信息的获取是指个体在外部环境中对信息的搜索和存储，以及在将信息存储到记忆后再次从记忆调取的过程(Maines 和 McDaniel，2000)。信息的评价是指个体根据判断和决策任务，对所获取的信息或数据的特征进行评价的过程。信息的加权，是指个体根据信息的重要性对信息赋予权重的过程。Dawes(1974)提出了一个线性模型来描述个体的判断和决策：$JDM = \alpha + \sum \beta_j E(I_j) + \varepsilon$。其中，$JDM$ 代表个体的判断和决策，$E(I_j)$ 表示个体对信息 I_j 作出的评价，β_j 则代表个体对信息 I_j 赋予的权重。模型表明个体通过对所获取的信息进行评价，并根据其对决策的重要性程度赋予相应的权重，进而作出判断和决策。由于个体的信息处理能力的有限性和决策环境的复杂性，个体不能获取和评价全部的与决策相关的信息，因此个体在认知过程中很难进行完全理性的思考，而是会尽力寻找解决问题的捷径，采用相对简单化的决策策略对信息进行加工(Simon，1956；March，1978)。一些研究表明，任务特征或决策环境等因素会影响到个体进行信息加工的方式，也就是说个体会选择不同的策略去加工信息，进而影响到个体的信息获取、评价和加权,并最终影响个体的判断和决策(Payne,1976;Olshavsky,1979)。Payne(1982)发现,当可替代选择增加时,决策者会倾向于采用更简单的、不太准确的策略。Shen和Hue(2007)发现,不同的信息列报形式会使决策者采取不同的信息整合策略。

决策策略可以分为完全信息加工策略(补偿性策略)和不完全信息加工策略(非补偿策略)(Ben-Zur,1998)。完全信息加工策略是指对与决策相关的所有信息都进行分析,计算和评价每个信息的期望值及权重,进而作出判断和决策。不完全信息加工理论是指仅分析与决策相关的部分信息,或仅根据信息的某个维度进行分析、比较和选择,可能较少运用到价值计算,这种策略又可以称为启发式策略。值得注意的是,完全信息加工策略和不完全信息加工策略是策略"连续统一体"中的两个端点,实际中并不是仅存在这两种策略,更多的策略是位于两者之间,或偏向于完全信息加工策略或偏向于不完全信息加工策略。随着决策任务复杂程度的增加或认知资源的减少,决策者的策略选择更倾向于不完全信息加工策略(Payne,1973)。这种简化的决策策略对简单决策可能是有效的,但是可能不适用于较为复杂的决策,因为这种决策策略的简化很难避免偏差,容易导致判断和决策上的偏误。

Payne等(1993)证实有两种相互冲突的动机影响个体的信息加工策略选择,作出准确决策的愿望和最小化认知成本的愿望。决策者会权衡应用某个策略的成本和收益,即应用该策略所带来的认知成本和导致的决策的准确程度。不同的决策环境会影响决策的成本和收益,进而影响所选择的决策。信息列报方式是一种决策环境特征,对信息加工的努力程度具有较大的影响。决策者试图节约认知努力,因此他们倾向于采用在一个给定的信息列报方式下使用加工策略(Bettman等,1979;Payne,1982;Russo,1977)。Kleinmuntz和Schkade(1993)认为,不同的信息列报形式通过降低(提高)加工准确信息的努力程度,进而减小(扩大)个体决策与理性决策之间的偏差。

在公司年报中,管理层需要提供给投资者公司的风险信息,但是由于准则制定者和监管者在信息披露方式上赋予了管理层自主权,因此,管理层可能会采用定量或定性的方式披露公司的风险信息。这种信息披露方式的差异会导致不同的认知过程,影响投资者信息加工策略的选择,进而影响投资者的判断和决策(Childers 和 Viswanathan,2000;Viswanathan 和 Childers,1996)。

(二)定性信息和定量信息对判断与决策的影响

1. 定性信息和定量信息

定性的信息,又称文本型信息或软信息(soft information),是指以文字描述的形式列示或披露的信息。定量的信息,也可以称为数值型信息或硬信息(hard information),是指以数字的形式列示或披露的信息。不同的信息披露形式会影响信息使用者的判断和决策(Berger等,2005;Ivković和 Weisbenner,2005)。定性信息和定量信息存在如下差异。

(1)信息的明确程度。定量的信息是数值型信息,可以传递明确清楚的信息,允许期望值和期望效用的计算,数值型信息的质量也很容易被评估,因此信息的明确程度高。与此相反,定性的信息是文字的,在很大程度上传递的是模糊的不确定性(Chesley,1985),并且文字型的表达方式是模糊的,不同的信息接收者可以有不同的解读,这不利于计算期望值和期望效用,且文字型信息的质量很难被评估。因此,定性的信息是相对模糊的信息(Behn 和 Vaupe,1982;Winterfeldt和 Edwards,1986)。Wallsten 等(1993)认为,数字比文字更具有明确性,数字可以计算并且有固定的排序,如 100% 总是大于 70%;而文字则是模糊的,不能被计算且更容易被不同地解读。定性的风险信息并没有具体指明风险发生的可能性,是模糊的,投资者必须形成对这一事件的自己的观点。投资者可能依据可比的公司或自身的经验作出判断,因此不同的投资者对定性的风险信息的解读会存在差异。一些会计学(Birnberg，1964；Boritz 等，1987a，1987b；Chesley，1985)和心理学(Lichtenstein 和 Newman，1967；Nakao 和 Axelrod，1983)的研究也表明,决策者可以通过数字而非文字来表述他们的判断,以提高判断的精确性。决策者将用文字表述的风险判断(如可能性较大)视为一系列不太明确的值(如 60%～90%的可能性),而将用数字表述的风险判断(如 75%的可能性)视为明确的值。

(2) 信息加工的难易程度。定量的信息提供了数值型的信息,更容易被存储、比较和转化,因此更容易加工,决策者在作出决策时也更容易利用这些信息。相反,定性的信息是文字型的信息,理解文字内容还需要考虑语言、语调或一些更细微的差别,对这些信息进行汇总要更难,需要耗费更多的时间进行加工,并且决策者在作出判断时需要自己进行主观判断,可比性较差,因此也更难加工,决策者在作出决策时可能很难利用这些定性信息。此外,由于数值型信息比文字型信息更容易区分,因此在学习任务中,数值型信息更容易编码和检索,这会使得数值型信息能够被更迅速和更准确地加工,并且随后能更快和更准确地被识别以及更准确地被回忆(Viswanathan 和 Childers，1996)。Tetlock(2007)研究发现,与定量信息内容相比,投资者需要花费更长的时间去解读盈余公告中的定性信息。显然,与定性信息相比,定量信息更容易被阅读和解释。文本型信息可能很难被量化,并且需要领域内的专家(如股票分析师或研究人员)去理解和解读。与定量的风险信息相比,定性的风险信息由于没有估计所披露的事项对公司的经营业绩的具体影响,因此投资者在作出投资决策时很难利用这些信息(Mirakur，2011)。

(3) 可验证性。定量的信息是数值型的信息,不存在太多的主观判断和感知,信息的不确定程度较低,更容易在事后被验证;而定性的信息是文字型的信息,文字型信息包含更多信息发送者的语言和语调等差异,信息的不确定程度较高,且需要信息接受者更多的主观判断,因此不容易在事后被证实(Tetlock 等，2008；Demers 和 Vega，2014)。

Demers 和 Vega(2014)认为,用语言描述的不确定性可以捕捉管理层报告中的不同程度的信心(例如,"看起来""相信""可能"等词语提高了文本的不确定性程度),经理可能会利用这些不确定语言误导投资者,管理层的乐观语调的传递是无成本的并且事后很难被验证,投资者即使在事后也很难区分不确定性和不诚实。因此,定性的信息不容易被验证。

(4)可靠性。定量的信息更客观,存在主观判断和争议的空间很小(Ijiri,1975)。相比定性的信息,信息发送者需要付出更多努力以确定定量信息的准确性和客观性,因此定量信息的可靠性相对较高。此外,与定性信息相比,由于定量信息在事后更容易被验证,因此信息发送者有动机传递更可靠的定量信息。

(5)可比性。定量的信息体现的是客观的度量,不同的信息接受者对信息的解读比较一致,因此可比性较高。相反,定性的信息则包含更多主观的成分,且不同的信息接受者对定性信息的解读可能存在较大差异,因此可比性较低。例如,80%的可能性明显高于60%的可能性,但是对"很可能"和"非常可能"的理解因人而异,可比性较差。

2. 定性信息和定量信息对判断和决策的影响

定性信息是文本型信息,是以文字描述的形式列示或披露的信息。定量信息是数值型信息,是以数字的形式列示或披露的信息。定量信息可以传递明确、清楚的信息,可以由此计算期望值和期望效用,因此定量的信息更明确。此外,定量信息更容易被编码和检索,更容易存储、比较和转化,因此更容易加工。与此相反,定性信息在很大程度上传递的是模糊的、不确定的信息(Chesley,1985),无法由此计算期望值和期望效用,明确程度低。此外,理解文字内容还需要考虑语言、语调或一些更细微的差别,对这些信息进行汇总需要耗费更多的努力。决策者在对定性信息作出判断时需要自己进行主观判断,定性信息可比性也较差,因此更难加工。定性信息和定量信息的差异会导致决策者采取不同的信息加工策略。

以定量的方式披露信息,可以降低决策者加工信息的难度,缓解准确决策和认知误差的冲突。决策者倾向于采用更具有分析性的和基于规则的方法进行陈述和推理(Windschitl 和 Wells,1995),采用更复杂的信息整合和评价决策过程,并且数字会导致决策者采用更多的加工形式去合并多个信息以及更多补偿的加工策略(Stone 和 Schkade,1991),进而减轻个体决策与理性决策之间的偏差。因此,定量信息会促使决策者倾向于选择完全信息加工策略。相反,以定性的方式披露信息,则可能会增加决策者加工信息的难度,进而加剧准确决策和认知误差的冲突。投资者可能倾向于采用更简单的、启发式的信息加工策略,从而可能加剧个体决策与理性决策之间的偏差。因此,定性信息会促使决策者更倾向于选择不完全信息加工策略。

二、认知拟合理论

认知拟合理论有助于人们理解信息列报方式对决策产生的影响(Vessey,1991)。认知拟合理论认为,当信息的列报方式和任务的信息加工要求相匹配时,由于决策者对信息的列报方式所采用的信息加工方法和完成任务所采用的信息加工方法是一致的,因此决策者不需要耗费更多的努力作出转化。这种匹配可以提高决策者完成任务的效率和效果。相反,当信息的列报方式和任务的信息加工要求不匹配时,决策者需要从一种信息加工方法转换到另一种信息加工方法,这会使任务的复杂性提高,导致完成任务更困难(Vessey,1991)。认知加工的方法包括感知方法和分析方法(Larkin 和 Simon,1987)。感知方法是指直观地了解某些事物并理解它的含义,涉及对数据整体的感知,较少涉及具体数据的计算;而分析方法则是指通过认知努力去提炼或弄清楚一个特定的现象,分析方法一般涉及获取和评价具体的数据,利用数据进行计算和分析。

不同的信息列报方式适合于不同的信息加工方法(Vessey,1994)。例如,可视性更高的信息列示更有利于决策者采用感知方法处理和加工信息(Tegarden,1999)。Vessey(1994)发现,利用图形列示的信息与利用表格列示的信息适用于不同的信息加工方法。图形信息强调的是数据的关系,没有直接提供具体的数据,有利于人们采用直觉感知和观察信息,而不利于人们分析信息的具体数据。因此,图形信息更适合人们采用感觉方法进行加工。相反,表格信息提供了具体的数值,有利于人们获取具体的数据并进行计算和分析。因此,表格信息更有利于使用分析法进行信息加工和处理。

定性的信息是文本型信息,是以文字描述的形式列示或披露的信息,无法由此计算期望值和期望效用。此外,理解文字内容还需要人们考虑语言、语调或一些更细微的差别,定性信息比较难被计算。定量信息是以数字的形式列示或披露的信息,是数值型信息,人们更容易对其编码、检索和计算。考虑到感知方法涉及直观的信息加工,不涉及更多的计算,因此定性信息更适合采用感知方法进行加工处理;而分析方法由于涉及对具体数据的计算和分析,更适用于对定量信息进行加工处理(Vessey,1994)。与分析方法相比,感知方法需要消耗较少的认知努力。因此,在某些情况下,决策者有动机采用感知方法进行信息加工以降低认知难度。当完成任务或作出决策所要求的信息加工方法是分析方法时,由于作出决策所要求的信息加工方法与定性信息所适用的信息加工方法不一致,因此决策者在作出决策时需要耗费更多的努力,由感知方法转换到分析方法。考虑到决策的成本效益原则,为降低决策的认知难度,决策者需要以感知方法加工定性信息并作出决策。相反,由于定量信息适用于分析方法,若作出决策所要求的信息加工方法与定量信息所适用的信息加工方法是一致的,则决策者在作出决策时无需转换,节约了认知成本,决策者更可能采用分析方法对信息进行加工以作出决策。

三、风险感知理论

风险是由个体主观定义的,个体对风险的评价可能会受到一系列心理、社会、制度以及文化因素的影响(Slovic,1972)。风险感知是指人们对风险的特征和严重程度的主观判断。风险本质上是主观的,建立在人的感知基础之上。风险感知不只是对风险量的属性的感知(如风险所导致的经济后果及可能性的大小),还是对风险质的属性的感知(如可控性、自愿性、潜在性等)。传统的决策理论认为风险判断是基于风险的可能性和风险所导致的经济后果而作的判断。也就是说,在评价风险时,人们被假定会评价风险带来的后果以及这些后果发生的可能性(Libby 和 Fishburn,1977;Lipe,1998)。一些实证研究支持了这个观点(Weber,1988;Weber 和 Bottom,1989,1990)。依据传统的决策理论,风险导致的结果越大或发生的可能性越高,决策者评价的风险就越高。但是传统的决策理论主要考虑了个体对风险量的属性的感知,没有考虑对风险质的属性的感知。一些研究已经发现,人们对风险判断的过程是很复杂的,传统的决策理论不能完全解释人们的风险评价和决策(Fischhoff 等,1978;Koonce 等,2005)。

从行为风险观点来看,人们在评价风险时不仅会考虑风险导致的后果的可能性和大小,还会考虑一些行为因素,诸如感知到的风险的控制程度、自愿性、对风险的了解程度等都会影响个体对风险的感知。早期对风险感知的研究认为风险的很多属性都会对风险判断产生重要的影响,具体包括:①风险的自愿性;②风险产生影响的即时性;③对风险知识的了解程度;④风险的可控性;⑤风险的新颖性;⑥风险的长期性或毁灭性;⑦对风险的恐惧程度;⑧风险导致后果的严重程度(Fischhoff 等,1978)。一些研究也证实风险的一些属性影响了个体的风险评价。例如,Starr(1969)发现,与非自愿参与的活动相比,人们更愿意接受自愿参与的活动所带来的风险。Fischhoff 等(1978)发现,对于那些以前发生过的活动、自愿参加、充分了解的并且结果立即发生的活动,人们可以容忍的风险水平较高。也就是说,如果风险是自愿承受的、立即发生的、被明确了解的、可控的以及熟悉的,那么在控制了收益水平的情况下,人们的风险承受能力更高。March 和 Shapira(1987)

证实感知到的,对风险结果的可控性会影响经理对一项投资机会损失可能性的评价,感知到的对结果的较高程度的可控性会降低经理对项目损失可能性的过高评价。

基于对健康和技术领域的大量研究,Slovic(1987)在总结以前研究的基础上,提出了风险感知模型,认为人们是基于对两个行为因素的评价来感知风险的,这两个因素是"恐惧"和"未知"。恐惧包含诸如感知到的风险的可控性、自愿性、担忧程度和灾难发生的可能性。其中,风险的可控性是指在多大程度上人们能够控制风险;自愿性是指在多大程度上人们自愿投资风险项目;担忧程度是指在多大程度上人们对风险表示担忧;灾难性的后果是指项目的风险是否为灾难性的。未知则包括风险项目的新颖性、对风险项目的了解程度以及风险项目产生影响的即时性。其中,风险的项目新颖性是指项目相关的风险是否是新的;了解程度是指在多大程度上理解风险;风险项目的即时性是指项目的结果在多大程度上是立即发生的。对于"恐惧"因素,风险的控制程度越高、自愿程度越高,则感知到的风险越低;而担忧程度和灾难性的可能性越高,则感知到的风险越低。对于"未知"因素,风险的新颖程度越高,则感知到的风险越高;而对风险越了解,则感知到的风险越低。风险的行为变量与传统决策理论中的变量所包含的信息有所不同。"未知"包含了人们对风险项目的了解(即对风险的理解程度如何)及其新颖性(即是否风险之前就被熟知)。决策者对风险可能较低的项目的了解程度可能高,也可能低。同样,"恐惧"所包含的信息也不完全与决策理论的变量相同。例如,风险的控制程度是指采取行动将风险带来的消极影响最小化的可能。行为变量中的灾难性的可能性与决策变量包含的信息相似。具体来说,灾难的可能性是指极端负面结果的可能性,这与传统决策理论中的损失结果是类似的。虽然行为变量在某些方面包含的信息与决策变量相同,但一些研究表明,即使在控制了风险之后,"恐惧"因素对风险判断仍然具有解释力(Holtgrave 和 Weber,1993;Koonce 等,2005)。一些研究也证实了

Slovic 的风险感知模型,例如,Koonce 等(2005)检验了传统的决策理论变量——风险的可能性和结果,以及 Slovic(1987)提出的行为变量——恐惧和未知对投资者风险评价的影响。研究发现决策理论变量和行为变量都对投资者的风险判断有重要的影响,在风险模型中加入行为变量会增加对投资者风险判断的影响。具体来说,当实验参与者更担忧风险或者当项目导致灾难性后果的可能性更高时,他们感知到的风险更高;而当实验参与者更了解风险,风险更可控以及投资自愿程度更高时,他们感知到的风险就更低。此外,研究也发现投资者感知到的损失的大小除了直接影响投资者的风险判断,还通过影响行为变量(恐惧变量)间接地影响风险判断。

公司利用衍生工具进行套期保值的目的是控制公司所面临的风险。套期保值的基本形式是公司在现货市场和期货市场对同类商品进行数量相等但方向相反的买卖活动,也就是在买入或卖出现货的同时,在期货市场上卖出或者买入数量相等的期货。因此,现货交易所带来的盈利或损失可以由期货交易的损益抵消或弥补。因此,利用衍生工具进行套期保值的公司会使投资者感知到,管理层在一定程度上能够控制公司所面临的被套期项目的风险。也就是说,利用衍生工具进行套期保值会影响投资者对风险可控性的感知。依据风险感知理论,投资者感知到的风险可控性越高,投资者的风险判断就会越消极。

第二节　套期保值、被套期项目的风险披露方式的影响

一、套期保值对公司风险和价值的影响

(一)套期保值对公司风险的影响

衍生工具特有的复杂性和不透明性使投资者对衍生工具的风险

评价高于一般的金融工具（Koonce 等，2005）。一些管理层担心投资者、分析师等对衍生工具有看法，所以选择不使用衍生工具。Bodnar 等（1998）调查了非金融类公司的经理对使用衍生工具的观点。他们发现，在不使用衍生工具的公司中，有 40％的经理因为担心投资者对衍生工具的看法，选择不使用衍生工具；而对于那些使用衍生工具的公司，90％的经理担心投资者和分析师的反应，其中 53％的经理指出这种担忧程度是较高的。然而，尽管公众担心使用衍生工具会提高公司的风险，但是研究也表明在大多数情况下，金融衍生工具是被用来套期保值的。因此，公众对于衍生工具会使得公司面临过度的风险的担忧是没必要的（Nguyen 和 Faff，2010）。

公司利用衍生工具进行套期保值的目的，就是规避公司所面临的商品价格风险、外汇风险、利率风险、股价风险、信用风险等。因此，套期保值通常会降低公司所面临的风险，这在之前的很多研究中均得到证实（Guay，1999；Adam 和 Fernando，2006；Bartram 等，2011）。套期保值的基本形式是公司在现货市场和期货市场对同类商品进行数量相等但方向相反的买卖活动，也就是在买入或卖出现货的同时，在期货市场上卖出或者买入数量相等的期货。因此，现货交易所带来的盈利或损失可以由期货交易的损益所抵消或弥补，从而实现控制公司所面临风险的目标。公司所面临的特有风险或较昂贵的外部融资成本促使公司管理层使用衍生工具进行套期保值以减少风险。因此，公司合理使用金融衍生品能够有效地减少风险。Guay（1999）发现，与那些没使用衍生工具的配对样本公司相比，那些使用衍生工具的公司的股票收益波动程度、利率风险和外汇风险会显著降低；全样本公司的股票收益波动程度平均降低 5％，使用利率和汇率衍生工具的公司的利率风险平均降低 22％，而外汇风险平均降低 11％。Bartram 等（2011）发现，使用金融衍生工具会降低整体风险和系统风险。具体来说，与没有使用衍生工具的公司相比，使用衍生工具的公司具有显著更低的现金流波动性、股价的非系统性波动和系统风险，这表明非金融类公司整体利用衍生工具去降低风险。

此外,财务风险管理理论认为,套期保值通过降低公司的现金流波动程度,降低与财务约束相关的资本成本,进而降低公司所面临的风险。套期保值可以降低公司的财务危机成本并最小化外部成本,从而使公司能够投资有价值的项目,降低公司投资不足的风险(Cummins 等,2001)。

然而,也有一些研究认为衍生工具的使用并没有影响公司的风险(Hentschel 和 Kothari,2001;Guay 和 Kothari,2003),管理层有动机利用衍生工具增加公司的风险。例如,当管理层持有公司的雇员股票期权且公司股票价格波动幅度较大时,管理层会获取更高的收益,为此,管理层可能会利用衍生工具来增加公司所面临的风险(Black 和 Scholes,1973)。此外,考虑到公司层面的风险,公司持有的衍生工具头寸的规模比较小,因此利用衍生工具进行套期保值不太可能对公司层面的利率风险、外汇风险等产生较大的影响(Guay 和 Kothari,2003)。

根据上述分析,可以看出,虽然关于套期保值对公司风险的影响的研究未得出完全一致的结论,但是大多数研究认为公司利用衍生工具进行套期保值在一定程度上可以降低公司的风险。

(二)套期保值对公司价值的影响

套期保值是风险管理的重要手段。早期的米勒-莫迪利安尼模型(MM 理论)认为,在资本市场完美的情况下,如不存在代理成本、信息不对称、税收和交易成本,套期保值不能增加公司的价值,因为投资者可以自己进行套期保值。然而由于资本市场的不完善性,大量理论研究均证明套期保值对公司是有益的,公司可以通过套期保值提高公司价值(Smith 和 Stulz,1985;Froot 等,1993)。

财务风险管理理论认为,企业套期保值的目标是减少风险、提升企业价值。套期保值通过降低市场摩擦成本改变公司现金流量,进而影响公司的财务状况和财务政策,最终提高公司的价值。套期保值也可以通过减少公司预期的税务债务、减轻投资不足、降低财务危机成本和降低代理成本等为股东创造价值。Smith 和 Stulz(1985)认为,套期保值通过降低破产成本的可能性提高公司的价值,并且这种影响对那些拥有较高财务危机成本的公司会更大。研究还认为,对于那些应纳税所得函数为凸函数的公司,对应纳税收入进行套期保值可以降低所得税费用。Graham 和 Rogers(2002)认为,如果利用衍生工具进行风险管理的目标是降低不完善市场中的摩擦成本,那么使用衍生工具进行套期保值就能显著提高公司的价值。此外,一些实证研究也证实了套期保值对公司价值的正面影响(Allayannis 和 Weston,2001;Graham 和 Rogers,2002)。例如,Allayannis 和 Weston(2001)发现,与没有使用外汇衍生工具的公司相比,面临外汇风险并使用外汇衍生工具的公司的价值要高出 4.87%。

虽然风险管理的理论大多认为套期保值会提高公司的价值,但是管理层自利论则认为,公司对衍生工具的使用是管理层追求自身利益最大化的结果。因此,即使套期保值可以通过降低市场的摩擦成本提高公司价值,但代理问题的存在也会对公司的价值造成负面影响。因此,套期保值对公司价值的影响取决于二者的权衡,套期保值并不必然会提高公司的价值(Tufano,1998)。如果经理利用衍生工具进行套期保值是为了减少外部融资,那么对于缺乏外部的监督导致的代理问题,套期保值反而可能会降低公司的价值。一些实证研究也发现套期保值并没有增加公司的价值。例如,Guay 和 Kothari(2003)发现,相对于经营和投资现金流、经营现金流的绝对值变化、会计收益、现金持有量和公司规模来说,套期保值组合所带来的现金流是小的。因此,衍生工具不太可能对样本公司的现金流或价值产生显著的影响。Jin 和 Jorion(2006)发现,套期保值会降低公司股价对石油和天然气价格的敏感性,但是研究并没有发现套期保值会影响公司的市场价值。他们认为 Allayannis 和 Weston(2001)所发现的套期保值对公司价值的影响可能很难被解释,因为 Allayannis 和 Weston(2001)没有很好地控制诸如价值、套期保值或风险变化等内生性问题。

此外,一些实验研究检验了投资者对公司使用衍生工具的评价。Koonce 等(2005)发现,在保持经济因素一致的情况下,虽然投资者评价的衍生工具的风险要显著高于非衍生工具的风险,但衍生工具被描述为是用来进行套期保值时,投资者对衍生工具评价的风险就降低了。Koonce 等(2008)发现,在控制了经济差异的情况下,与没有使用衍生工具规避风险的管理层相比,投资者认为使用衍生工具的管理层不易反悔,且满意度更高,并且相应对公司的估值也更高,这表明投资者奖励了那些使用衍生工具规避风险的公司。

整体来看,关于利用衍生工具进行套期保值对公司风险和价值影响的研究虽然没有得出一致的结论,但是多数研究认为投资者对管理层使用衍生工具进行风险管理的评价是有利的,认为套期保值可以降低公司风险。但是上述研究均没有考虑衍生工具风险信息披露这一因素。与没有进行套期保值的公司相比,当公司利用衍生工具进行套期保值时,公司需要额外披露衍生工具的风险,然而风险信息披露会影响投资者的反应。也就是说,投资者可能对披露更多的风险信息的公司作出更高的风险评价(Campbell 等,2014)。考虑到套期保值的复杂性,以及风险判断的复杂性和风险信息传递困难程度的差异。本书继续考查如果没有给投资者提供充分的信息以理解衍生工具的作用,投资者能否恰当地评价套期保值后的公司风险。

二、套期保值和被套期项目的风险披露方式对投资判断的影响

(一) 套期保值和定性的风险信息披露对投资判断的影响

为了给投资者提供关于公司风险的更充分的信息,帮助投资者作出恰当的风险判断,各国会计准则制定者和监管者都要求上市公司提

供公司的风险信息。SEC 和中国证监会都规定,上市公司需要在年报中披露可能对公司经营业绩产生重大影响的风险(如商品价格风险等)。IASB 在国际财务报告准则中建议管理层披露公司的主要风险,但是由于上述证券监管机构和会计准则制定者并没有强制要求公司披露此类风险的定量信息,在这种情况下,公司一般会选择仅披露相关风险(如商品价格风险)的定性信息(Dobler 等,2011)。例如,当公司面临较高程度的燃油价格波动风险时,依照准则的规定,公司必须披露相关的风险,且可以选择披露燃油价格波动对净利润的具体影响金额(定量信息),或仅用文字描述公司所面临的风险而不披露具体的影响金额(定性信息)。

当公司利用衍生工具进行套期保值时,按照会计准则制定者和证券监管机构的相关规定,上市公司会提供关于所使用的金融工具及其衍生品的风险信息。FRR No.48 要求上市公司从定量和定性的角度披露衍生工具所带来的市场风险。我国会计准则和国际财务报告准则也同样要求上市公司披露与各类金融工具市场风险相关的定量信息。由此可以看出,公司进行套期保值时,需要披露所使用的衍生工具的定量风险信息,即披露衍生工具的公允价值变动对公司经营业绩的具体影响。

因此,按照上述准则规定,如果上市公司面临燃油价格波动风险,但是没有利用衍生工具进行套期保值,则公司只需要披露燃油价格波动风险信息,并且可以选择披露燃油价格波动风险的定性信息或定量信息。当公司利用衍生工具进行套期保值时,公司不仅需要披露燃油价格波动风险(也就是被套期项目的风险)的信息,还需要额外披露衍生工具风险的定量信息。

根据信息加工理论,信息披露方式对信息加工具有较大的影响。它会影响决策者的信息加工策略,进而影响他们的判断和决策。定性信息在很大程度上传递的是模糊的、不确定的信息(Chesley,1985),无法由此计算期望值和期望效用,明确程度低。此外,理解文字内容还需要考虑语言、语调或一些更细微的差别,对这些信息进行汇总需要耗费更多的精力,因此会增加决策者加工信息的难度。决策者倾向于采用在一个给定的信息列报方式下更容易使用的加工策略(Bettman等,1979;Payne,1982;Russo,1977),因此,决策者在加工定性信息时可能更倾向于采用简单的、启发式的信息加工策略。

公司利用衍生工具进行套期保值的目的是降低被套期项目的风险,因此,衍生工具的风险与被套期项目风险的方向是相反的。也就是说,衍生工具的风险可以抵消部分或全部被套期项目的风险,而公司套期保值后的风险应该是公司套期保值前的被套期项目的风险扣除衍生工具风险后所剩余的风险。当公司利用衍生工具对部分燃油价格波动风险进行套期保值时,公司需要分别披露燃油价格波动风险信息和衍生工具的风险信息。如果公司仅披露燃油价格波动风险的定性信息并披露衍生工具风险的定量信息,那么投资者无法获悉公司套期保值前风险的定量信息(即燃油价格波动风险的定量信息)。因此,我们很难计算和准确判断公司套期保值后的风险水平(即公司燃油价格波动风险在抵消掉衍生工具风险后的剩余风险)。此外,由于衍生工具的复杂性和投资者对衍生工具的低熟悉程度,投资者在没有充分信息的基础上,很难感知到衍生工具所产生的降低公司风险的作用。定性的燃油价格波动风险信息提高了决策环境的复杂性,增加了投资者加工信息的难度,投资者可能倾向于采用更简单的、启发式的信息加工策略(Windschitl和Wells,1995)。即我们预期定性的燃油价格波动风险信息会促使投资者的选择倾向于选择不完全信息加工策略,投资者可能不会综合考虑公司所披露的两种风险的内在联系,仅采用简单的信息加工策略,且仅根据公司所披露风险信息的多少作出判断和决策。具体来说,投资者可能分别考虑衍生工具风险信息和燃油价格波动风险信息(即被套期项目的风险信息),将衍生工具的风险视为单独的风险,而没有深入分析衍生工具的风险与燃油价格波动风险的内在关系(即没有考虑到所披露的衍生工具的风险会被燃油价格波动风险部分抵消），公司最终的净风险与没有套期保值之前相比下降了。因此，与没有进行套期保值的公司相比，进行套期保值的公司的投资风险反而更高。投资者感知到的风险越高，进行投资的可能性就越低（Kahneman 和 Lovallo，1994；Clarke 和 Lovegrove，2000；毛华配等，2013）。此外，投资风险越高，公司未来业绩的不确定性较高，公司未来的盈余波动程度也越高，盈余的波动性所导致的负面股价反应越强（Bartov 等，2002），并且较高的盈余波动性预示着较低的披露质量和较低的盈余质量，以及较低的盈余的持续性（Dechow 和 Dichev，2002；Dichev 和 Tang，2009），投资者的投资可能性也越低。

综上所述，我们预期，在公司披露燃油价格波动风险定性信息的情况下，当公司进行套期保值时，与没有进行套期保值相比，投资者认为公司的投资风险更高，公司的投资吸引力更低。据此，我们提出以下假设。

假设 1：在公司披露燃油价格波动风险的定性信息的情况下，与公司没有进行套期保值相比，当公司进行套期保值时，投资者认为投资风险更高，投资吸引力更低。

（二）套期保值和定量的风险信息披露对投资判断的影响

定量的信息由于是数值型的信息，可以传递明确清楚的信息，可以计算期望值和期望效用，更容易被编码、检索存储、比较和转化，因此更容易加工（Chesley，1985）。按照信息加工理论，定量的信息会降低决策者加工信息的难度，缓解作出准确决策和认知间冲突，决策者倾向于以更具有分析性的和基于规则的方法来陈述和推理（Windschitl 和 Wells，1995），借用更复杂的信息去整合和评价以制定正确决策，并且数字会使决策者倾向综合信息和采用更多的补偿性的加工策略（Stone 和 Schkade，1991），进而减轻个体决策与理性决策之间的偏差。因此，定量信息会使决策者更倾向于选择完全信息加工策略，即分析与决策相关的所有信息，综合整理多个信息以作出更理性的决策

（Stone 和 Schkade，1991）。

如果公司选择以定量的方式披露公司所面临的燃油价格波动风险，那么在公司没有进行套期保值时，公司需要披露燃油价格波动对公司经营业绩的具体影响；而当公司选择利用衍生工具进行套期保值时，公司除了要披露燃油价格波动风险的具体影响，还需要额外披露衍生工具的风险信息。由于衍生工具的风险与燃油价格波动风险的方向是相反的（即衍生工具的风险可以抵消部分或全部燃油价格波动的风险），而公司套期保值后的风险应该是，公司套期保值前的燃油价格波动风险扣除衍生工具风险后的那部分剩余的风险。因此，当公司提供了燃油价格波动风险的定量信息时，即公司明确告知了投资者在套期保值前公司所面临的风险，投资者很容易计算和判断公司套期保值后的风险水平（即公司燃油价格波动风险在抵消衍生工具风险后剩余的风险），并且会很容易感知到公司利用衍生工具进行套期保值确实降低了公司的风险。考虑到定量的风险信息降低了决策环境的复杂程度，降低了决策者加工信息的难度，投资者可能倾向于采用更复杂的信息整合方式，综合整理多个信息（Stone 和 Schkade，1991）。我们预期定量的风险信息会使投资者倾向于选择完全信息加工策略，投资者会综合考虑公司所披露的两种风险的内在联系，在作出投资判断和决策前进行更全面的信息整合和加工。具体来说，投资者会深入理解衍生工具风险和燃油价格波动风险的内在关系，了解衍生工具风险和燃油价格波动风险之间的抵消效应，并进而计算和判断公司套期保值后的风险水平。投资者能够明确感知到在套期保值之后，公司的风险水平下降了。因此，与没有套期保值的公司相比，进行了套期保值的公司的投资风险更低，相应地，投资者判断的投资吸引力更高。

综上所述，在公司披露燃油价格波动风险定量信息的情况下，当公司进行套期保值时，与没有进行套期保值相比，投资者认为对该公司投资的风险更低，相应地，该公司的投资吸引力更高。据此，我们提出以下假设。

假设2:在公司披露燃油价格波动风险的定量信息的情况下,与公司没有进行套期保值相比,投资者对进行了套期保值的公司的评价是投资风险更低、投资吸引力更高。

第三节 套期保值比例、被套期项目的 风险披露方式的影响

一、套期保值比例对投资判断的影响

风险感知是指人们对风险的特征和严重程度的判断。根据风险感知理论,个体对风险的感知会受到其他行为变量的影响,如投资者对风险可控性的感知(Slovic,1987)。投资者感知到的风险可控性越高,则投资者的风险评价越低。由于套期保值通常是公司管理层进行风险管理的一种手段,因此套期保值比例越大,公司对风险的控制程度越高。不同的套期保值比例会影响投资者对风险可控性的感知,进而影响投资者的投资判断。

(一)定性信息披露下套期保值比例对投资判断的影响

随着现代金融市场的不断发展,越来越多的上市公司利用金融工具及其衍生品进行套期保值以规避公司面临的商业或金融风险。套期保值的基本形式是在现货市场和期货市场,对同类商品进行数量相等但方向相反的买卖活动,也就是在买入(或卖出)现货,在期货市场上卖出(或者买入)数量相等的期货。现货交易所带来的盈利或损失可以由期货交易的损益所抵消(或弥补)。因此,利用衍生工具进行套期保值的公司会使投资者感知到,管理层能够在一定程度上控制公司所面临的被套期项目的风险。

衍生工具的套期保值比例(即保值力度),是指进行套期保值的现

货资产(或预期消耗的原材料)数量占总的现货资产(或预期消耗的原材料)数量的比例。套期保值比例大,意味着公司管理层在更大程度上控制了公司所面临的被套期项目的风险。然而,当公司对一大部分预期采购的燃油进行套期保值时(即套期保值比例较大时),公司所持有的衍生工具的头寸也相对较大,即衍生工具的数额会更高。在给定价格波动幅度的情况下,公司所披露的衍生工具的风险也会更高。因此,对被套期项目风险以及衍生工具风险关系的理解,会影响投资者对风险可控性的感知,进而影响投资者的投资判断。

当公司利用衍生工具对燃油价格风险进行套期保值时,公司需要披露两种风险信息,即燃油价格波动风险信息(即被套期项目的风险信息)和衍生工具的风险信息。按照相关准则的规定,公司管理层必须披露衍生工具风险的定量信息,但是可以选择性地披露燃油价格波动风险的定性信息或定量信息。如果公司选择披露燃油价格波动风险的定性信息,也就表示公司没有明确列示燃油价格波动对公司业绩的具体影响金额。投资者无法获悉公司套期保值前风险的定量信息(燃油价格波动风险的定量信息),因此很难准确判断公司套期保值后的风险水平(公司燃油价格波动风险在抵销衍生工具风险后的剩余风险),也就是说投资者很难明显感知到公司利用衍生工具所控制的风险。

此外,根据认知拟合理论,不同的信息列报方式适合于不同的信息加工方法(Vessey,1994)。定性的信息是文本型信息,是以文字描述的形式列示或披露的信息,无法由此计算期望值和期望效用,比较难被用来进行比较和详细的计算。因此,定性信息更适合以感知方法来加工处理。也就是说决策者会直观地了解信息所表达的内容,较少涉及具体数据的计算。因此,当公司披露燃油价格波动风险的定性信息时,投资者一般会以感知方法加工信息。也就是说,投资者会直观地了解公司所面临的燃油价格波动风险和衍生工具风险,不太倾向于详细分析燃油价格波动风险和衍生工具风险的关系,也不会去计算套期保值后公司所面临的实际风险。同样,信息加工理论也表明,定性的信息会增加投资者加工信息的难度,为了降低认知难度、降低信息加工的成本(Payne,1982),投资者会采用相对简单的、启发式的信息加工策略(Windschitl 和 Wells,1995)。因此,根据信息加工理论,当公司披露燃油价格波动风险的定性信息时,投资者可能仅会进行简单的信息加工,没有综合考虑衍生工具风险和燃油价格波动风险的内在关系。也就是说,投资者没有考虑到所披露的衍生工具的风险可以被燃油价格波动风险抵消。

由此可见,在提供定性的燃油价格波动风险信息的情况下,投资者可能很难理解燃油价格风险和衍生工具风险的关系,也无法明显感知到衍生工具风险的抵消效应。因此,当公司对一大部分预期采购的燃油进行套期保值时,也就是套期保值比例较大时,公司所持有的衍生工具的头寸相对较大,即衍生工具的数额会较高。因此,在给定价格波动幅度的情况下,公司所披露的衍生工具的风险会较高,考虑到投资者很难理解衍生工具风险的抵消效应,投资者可能感知到公司管理层利用衍生工具没有很好地控制公司的风险,即感知到风险的可控性较低。相反,当公司对一小部分预期采购的燃油进行套期保值时,也就是套期保值比例较小时,公司所持有的衍生工具的头寸应该相对较小(即衍生工具的数额会较低)。因此,在给定价格波动幅度的情况下,公司所披露的衍生工具的风险会较低。同样,考虑到投资者很难理解衍生工具风险的抵消效应,投资者感知到披露的衍生工具的风险越低,公司管理层利用衍生工具就越能在较大程度上控制公司的风险。

按照风险感知理论,个体对风险的感知会受到其他行为变量(如个体感知到的风险的可控性)的影响,也就是说风险的可控性会影响投资者感知到的风险,进而影响投资者的风险评价(Slovic,1987;Koonce 等,2005)。当投资者感知到的风险的可控性较高时,投资者对风险的评价会较低;而当投资者感知到的风险的可控性较低时,投资者对风险的评价会较高。因此,在公司利用衍生工具对燃油价格波动风险进行套期保值,并选择披露燃油价格波动风险的定性信息时,投资者认为套期保值比例较大的公司的风险可控性较低,进而对该类公司的投资风险评价较高;相反,当公司的套期保值比例较小时,投资者会感知到风险的可控性较高,进而对公司的投资风险评价较低。同时,投资风险越高,公司未来业绩的不确定性就越高,公司未来的盈余波动程度也越高,盈余的波动性会导致负面的股价反应(Bartov 等,2002),并且较高的盈余波动性预示着较低的披露质量和较低的盈余质量,以及较低的盈余的持续性(Dechow 和 Dichev,2002;Dichev 和 Tang,2009),因此投资者的投资可能性较低。

综上所述,我们预期,当公司披露了燃油价格波动风险的定性信息时,与公司对一小部分预期购买的燃油进行套期保值相比,当公司对一大部分燃油进行套期保值时,投资者对一大部分燃油进行套期保值的公司的投资风险评价会更高,相应地,投资者对该类公司的投资吸引力的评价会更低。据此,我们提出以下假设。

假设3:在公司披露燃油价格波动风险的定性信息的情况下,与公司对一小部分预期购买的燃油进行套期保值相比,公司在对一大部分预期购买的燃油进行套期保值时,投资者对其的评价是投资风险较高,投资吸引力较低。

(二)定量信息披露下套期保值比例对投资判断的影响

公司利用衍生工具进行套期保值的目的是降低燃油价格波动风险,因此,衍生工具的风险可以抵消部分或全部燃油价格波动的风险。如果公司选择采用定量的方式披露公司所面临的燃油价格波动风险,那么公司会明确列示燃油价格波动对公司业绩的具体影响,也就是说投资者会被明确告知公司套期保值前的风险水平。由于在提供定量的燃油价格波动风险信息的情况下,投资者很容易判断公司套期保值后的风险水平,因此投资者很容易感知到公司利用衍生工具控制了公司的风险。

此外,根据认知拟合理论,定量的信息是以数字的形式列示或披露的信息,是数值型信息,更容易被编码和计算,有利于获取具体的数据并对其进行计算和分析。因此,在处理定量的信息上,决策者更适合采用分析方法进行信息加工,也就是说决策者会获取和评价具体的数据,利用数据进行计算和分析。因此,当公司披露燃油价格波动风险的定量信息时,投资者会采用分析方法进行信息加工进而作出投资决策,也就是说,投资者会对公司披露的风险信息的具体数据进行计算和分析。因此,投资者会更容易理解燃油价格波动风险和衍生工具风险的内在关系。同样地,根据信息加工理论,定量的信息更明确,更容易被编码、检索和计算,因此更容易加工,定量的信息降低了决策环境的复杂度和难度,降低了决策者加工信息的难度。投资者倾向于采用更复杂的信息整合方式,综合整理多个信息(Stone 和 Schkade, 1991)。因此,我们预期定量的信息会促使决策者更倾向于选择完全信息加工策略。具体来说,投资者会深入理解衍生工具风险和燃油价格波动风险的内在关系,了解衍生工具风险和燃油价格波动风险之间的抵消效应。

由此可见,在提供定量的燃油价格波动风险信息的情况下,投资者很容易理解燃油价格风险和衍生工具风险的关系,也能明显感知到两者所产生的抵消效应。因此,当公司对一大部分预期采购的燃油进行套期保值时,也就是套期保值比例较大时,虽然给定了价格波动幅度的情况,但公司所披露的衍生工具的风险依旧较高。由于投资者可以很好地理解衍生工具风险的抵消效应,因此公司披露的衍生工具的风险越高,投资者感知到的管理层控制公司的风险程度就越高。同样地,当公司对一小部分预期采购的燃油进行套期保值时,也就是套期保值比例较小时,虽然给定了价格波动幅度,但公司所披露的衍生工具的风险会较低。考虑到投资者能够理解衍生工具风险和燃油价格波动风险的抵消效应,公司披露的衍生工具的风险越低,投资者对公司管理层控制风险的感知程度就越低。

按照风险感知理论,风险的可控性会影响投资者感知到的风险,进而影响投资者的风险评价(Slovic,1987;Koonce等,2005)。当投资者感知到的风险的可控性越高时,投资者对风险的评价会越低;相反,当投资者感知到的风险的可控性越低时,投资者对风险的评价会越高。因此,在公司利用衍生工具对燃油价格波动风险进行套期保值,并选择披露燃油价格波动风险的定量信息的情况下,对于套期保值比例较大的公司,投资者感知到风险的可控性较高,进而对公司的投资风险评价较低。相应地,投资者对公司的投资吸引力的评价会较高。当公司的套期保值比例较小时,投资者感知到风险的可控性较低,进而对公司的投资风险评价较高,相应地,投资者对公司的投资吸引力的评价会较低。

综上所述,我们预期,在公司披露燃油价格波动风险定量信息的情况下,与公司对一小部分预期购买的燃油进行套期保值相比,当公司对一大部分燃油进行套期保值时,投资者对公司的投资风险评价较低,相应地,投资者对公司的投资吸引力的评价较高。据此,我们提出以下假设。

假设4:在公司披露燃油价格波动风险定量信息的情况下,与公司对一小部分预期购买的燃油进行套期保值相比,公司在对一大部分预期购买的燃油进行套期保值时,投资者对该类公司的评价是投资风险较低,投资吸引力较高。

二、被套期项目的风险披露方式对投资判断的影响

根据信息加工理论,信息披露方式会影响投资者选择的信息加工策略,进而影响投资者的判断和决策。不同的信息列报方式会影响信息加工的努力程度,也就是会影响决策的成本和收益的权衡。为了降低决策的认知努力,决策者倾向于选择现有信息列报方式下更容易使用的加工策略(Bettman,1979;Payne,1982)。在公司年报中,管理层需要提供给投资者公司的风险信息,但是由于会计准则制定者和证券监管机构在信息披露方式上赋予了管理层自主权,管理层可能会采用

定量或定性的方式披露公司的风险信息。这种信息披露方式的差异会导致不同的认知过程，影响投资者信息加工策略的选择，进而影响投资者的判断和决策（Childers 和 Viswanathan，2000；Viswanathan 和 Childers，1996）。

（一）大比例套期保值下的被套期项目的风险披露方式对投资判断的影响

会计信息是投资者作出投资判断和决策的基础，在投资判断和决策过程中，投资者对会计信息的解读、评价和使用也是对信息进行加工处理的过程。根据信息加工理论，信息披露方式会影响决策者的信息加工策略。因此，被套期项目的风险披露方式也会影响投资者的策略选择，进而影响投资者的决策判断。

当公司利用衍生工具对燃油价格风险进行套期保值时，公司需要披露两种风险信息，即燃油价格波动风险信息和衍生工具的风险信息。按照准则的规定，公司管理层必须披露衍生工具风险的定量信息，但是可以选择性地披露燃油价格波动风险的定性信息或定量信息。

如果公司选择披露燃油价格波动风险的定性信息，那么也就表示公司没有明确列示燃油价格波动对公司业绩的具体影响金额。根据信息加工理论，定性的风险信息是以文字描述的形式列示或披露的信息，其在很大程度上是模糊的（Chesley，1985），也很难对其进行计算和编码，且需要决策者自己进行主观判断，因此，加工定性的风险信息需要耗费更多的认知精力，进而加剧决策制定和认知的冲突。基于决策的成本效益分析，为了降低信息加工的成本（Payne，1982），投资者可能倾向于采用更简单的、启发式的信息加工策略，也就是不会对与决策相关的所有信息进行加工。因此，投资者可能仅根据所披露风险的明确形式进行判断，不会深入分析公司所披露的风险信息；投资者可能会将公司披露的燃油价格波动风险和衍生工具的风险视为相互独立的两种风险，而没有进一步考虑这两种风险的内在联系（即衍生工具的风险可以被燃油价格波动风险所抵消），因此也很难感知到衍生工具风险的抵消作用。

此外，信息线索的明确性和显著程度会影响个体对线索的使用，个体在对多个信息线索进行加工时，可能会产生线索上的竞争（Kruschke 和 Johansen，1999）。信息线索的明确程度越高、越显著，则个体在进行判断和决策时会被赋予更高的权重。Dietrich 等（2001）发现，即使可以从资产负债表和利润表中推测出相同的信息，对石油生产特性方面会计信息的更明确的披露也会使市场价格更有效。按照准则的规定，利用衍生工具进行套期保值的公司必须披露衍生工具的定量信息。与公司所披露的燃油价格波动风险的定性信息相比，衍生工具的定量信息更明确，投资者可能更关注定量的衍生工具风险信息，而较少关注定性的燃油价格波动风险及其与衍生工具风险两种风险的相关性。投资者由于很难准确理解衍生工具与燃油价格波动风险的抵消关系，更重视定量的衍生工具风险，因此可能仅依据公司所披露的衍生工具风险的大小对公司的风险进行评价。当公司对一大部分预期采购的燃油进行套期保值时（即套期保值比例较大时），在给定价格波动幅度的情况下，公司所披露的衍生工具的风险会较高。此时，投资者对公司的投资风险评价会更高，投资者对公司的投资吸引力的评价也就会更低。

与此相反，当公司选择披露燃油价格波动风险的定量信息时，由于定量的信息明确显示投资者在套期保值前燃油价格波动风险对公司的具体影响，投资者能比较容易理解和评价公司套期保值后的净风险。根据信息加工理论，定量的风险信息更明确，易被投资者计算和加工，加工和处理定量的风险信息相对较容易，因此投资者会采取更全面的信息加工策略。投资者会深入理解和分析公司所披露的两种风险的内在联系，而不仅仅是按表面的披露形式去加工信息。同时，由于套期保值的风险对冲机制，燃油价格波动风险对公司利润的影响与衍生工具风险对利润的影响的方向是相反的，因此投资者会更容易感知到衍生工具风险的抵消作用。此外,由于公司对燃油价格波动风险和衍生工具的风险均以定量方式披露,两种风险信息的明确程度没有差异,不会发生线索方面的竞争,投资者不会仅关注衍生工具的风险而忽略两种风险的内在联系,也不会仅依据衍生工具的风险大小评价公司的风险。因此,当公司对一大部分预期购买的燃油进行套期保值时,公司披露的衍生工具的风险较高。由于投资者能理解衍生工具风险的抵消作用,会感知到公司所面临的大部分燃油价格波动风险被抵消了,并且会感知到公司套期保值后的风险显著下降了,因此投资者对公司的投资风险评价较低,对公司的投资吸引力的评价较高。

综合上述分析,我们预期,在公司的套期保值比例较大的情况下,与公司以定性方式披露燃油价格波动风险相比,以定量方式披露燃油价格波动风险时,投资者对公司的投资风险评价较低,而对公司的投资吸引力的评价较高。据此,我们提出以下假设。

假设5:在公司对一大部分预期购买的燃油进行套期保值的情况下,与公司披露燃油价格波动风险的定性信息相比,在披露燃油价格波动风险的定量信息的情况下,投资者对该类公司的评价是投资风险较低,投资吸引力较高。

(二)小比例套期保值下的被套期项目的风险披露方式对投资判断的影响

当公司对一小部分预期采购的燃油进行套期保值时,也就是套期保值比例较小时,公司所持有的衍生工具的头寸应该相对较小,即衍生工具的数额较低。因此,在给定价格波动幅度的情况下,公司所披露的衍生工具的风险会较低。

当公司仅披露燃油价格波动风险的定性信息时,由于定性的风险信息没有明确告知投资者公司套期保值前的燃油价格波动风险,因此投资者很难计算出公司套期保值后的净风险。根据信息加工理论,定性的风险信息需要投资者花费更多的时间去加工。为了降低投资者的信息加工成本，投资者可能会采取相对简单的、启发式的信息加工策略。投资者仅是简单地按照公司披露信息的形式去理解风险，不会深入分析公司所披露的风险信息，因此投资者可能没有进一步考虑这两种风险内在的联系，也很难感知到衍生工具风险的抵消作用。此外，线索方面的竞争也使得投资者更关注定量的衍生工具的风险信息，不利于投资者去分析燃油价格波动风险和衍生工具风险的联系。由于投资者很难准确理解衍生工具风险与燃油价格波动风险的抵消效应，并且也更重视定量的衍生工具的风险信息，投资者可能仅依据公司所披露的衍生工具的风险大小对公司的风险进行评价。当公司的套期保值比例较小时，公司所持有的衍生工具的头寸较小，在给定价格波动幅度的情况下，公司所披露的衍生工具的风险会更低，因此投资者对公司的投资风险评价较低，而对公司的投资吸引力的评价较高。

当公司披露了燃油价格波动风险和衍生工具风险的定量信息时，根据信息加工理论，投资者倾向于更详细地分析公司的这两种风险信息，进行更多的加工以合并这些风险信息（Stone 和 Schkade，1991）。因此，投资者更容易理解这两种风险的内在联系（即衍生工具风险是可以被燃油价格波动风险抵消的），并且由于公司所披露的衍生工具风险对公司经营业绩的影响与燃油价格波动风险对公司经营业绩的影响在方向上是相反的，投资者更容易感知到套期保值降低风险的作用。此外，由于公司均以定量方式披露两种风险，两种风险信息线索的明确程度没有差异，不会发生线索方面的竞争，投资者不会仅考虑衍生工具的风险而忽略两种风险的内在联系，也不会仅依据衍生工具的风险大小来评价公司的风险。因此，当公司对一小部分预期购买的燃油进行套期保值时，公司披露的衍生工具风险较低，投资者会感知到衍生工具的风险仅抵消了一小部分公司面临的燃油价格风险，套期保值后公司依然面临着较高的燃油价格风险。此时，投资者对公司的投资风险评价会较高，并且会相应降低对公司投资吸引力的评价。

综合上述分析，我们预期，在公司的套期保值比例较小的情况下,与公司以定性方式披露燃油价格波动风险相比,在公司以定量方式披露燃油价格波动风险时,投资者对公司的投资风险评价较高,而投资者对公司的投资吸引力的评价较低。据此,我们提出以下假设。

假设6:在公司对一小部分预期购买的燃油进行套期保值的情况下,与公司披露燃油价格波动风险的定性信息相比,在公司披露燃油价格波动风险的定量信息时,投资者对该类公司的评价是投资风险较高,投资吸引力较低。

第四节　投资者投资判断过程中的中介作用分析

一、个体投资者的投资判断和决策过程研究

考虑到个体投资者的投资判断对整个资本市场的健康运行和发展的重要影响(Belzile 等,2006;Elliott 等,2007),对个体投资者的投资判断和决策过程、个体投资者在投资判断时如何解读和运用与投资判断相关的信息的理解,有利于我们了解影响投资者投资判断和决策的因素。这不仅是会计准则制定者和证券监管机构所关注的问题,也是会计研究者所密切关注的问题。一般来说,相对于职业投资者,个体投资者具有较低的投资专业水平,在投资判断中经常会使用简单次优的决策策略,因此个体投资者对信息的获取、评价和判断与职业投资者不同。

上市公司会提供关于所使用的金融工具及其衍生品的风险信息以及相关的被套期保值项目的风险信息,目的在于帮助投资者作出恰当的风险判断。但是由于风险判断的复杂性以及风险信息传递的困难程度差异(Fischhoff 等,1978),这些风险披露是否能如预期那样被投资者感知?此外,会计准则制定者和证券监管机构在信息披露方式上给予管理层一定的灵活性,使管理层可以不同的信息披露方式给投资者提供公司的风险信息,个体投资者为了降低获取信息的认知局

限性,经常会倾向于使用那些被明确列示的信息,并且仅根据信息所列示的形式进行加工和处理(Slovic,1972)。因此,不同的风险信息披露方式会影响到投资者的风险感知。个体的风险感知会直接影响到他们的决策和判断(Coombs,1975;March 和 Shapira,1987;Weber,2004),因此理解投资者如何感知风险,以及作出决策判断的过程是至关重要的。

本研究重点关注投资者决策过程的两个方面:第一,套期保值比例如何影响投资者的风险评价,进而影响投资者的投资判断和决策,即套期保值比例是否会影响投资者感知到的风险可控性,进而影响投资者对公司净利润波动程度的评价,最终影响投资者的投资风险评价和投资吸引力判断;第二,被套期项目风险的披露方式如何影响投资者的风险评价,进而影响投资者的投资判断和决策,即被套期项目风险的披露方式是否会影响投资者感知到的风险可控性,进而影响投资者对公司净利润波动程度的评价,最终影响投资者的投资风险评价和投资吸引力判断。

二、风险的可控性、净利润波动程度和投资风险的中介作用

套期保值通常是公司管理层进行风险管理的一种手段,也就是说公司管理层会利用套期保值来控制公司所面临的风险,降低风险对公司净利润波动程度的影响。根据风险感知理论,个体对风险的感知除了受到风险带来的经济后果的影响,还会受到其他行为变量的影响。Slovic(1987)提出了风险感知模型,认为人们是基于对两个行为因素的评价来感知风险的,即"恐惧"和"未知"。其中恐惧就包含投资者对风险的可控性的感知。风险的控制程度是指控制风险的程度,风险的可控性越高,投资者感知到的风险越低。March 和 Shapira(1987)证实,感知到的对风险结果的可控性会影响经理对一项投资机会的损失可能性的评价。这说明感知到的对结果较高程度

的可控性会降低经理对项目损失可能性的评价,也就是会降低对项目风险的评价。Koonce 等(2005)研究发现,投资者感知到的风险的可控性会显著影响到他们的风险评价:金融项目的风险越难被控制,投资者对金融项目的风险评价就越高。因此,我们认为,投资者对风险可控性的评价中介了套期保值比例和被套期项目的风险披露方式对投资者所评价的投资风险的影响。

公司盈余的波动程度会影响投资者感知到的风险(Beaver 等,1970)。投资者认为较高的盈余波动性预示着较低的披露质量和较低的盈余质量。因此,高盈余波动性意味着更高的风险溢价,它使公司的资本成本增加(Sengupta,1998;Francis 等,2005;Easley 和 O'Hara,2004)。此外,盈余的波动性越高,盈余的持续性越低(Dechow 和 Dichev,2002;Dichev 和 Tang,2009),未来盈余的可预测性也越低。公司管理层会避免报告波动盈余,以避免由此导致的负面的股价反应(Bartov 等,2002)。Trueman 和 Titman(1988)发现,降低盈余波动性会影响破产风险的可能性。Beaver 等(1970)发现,盈余平滑会影响投资者感知到的公司风险。Francis 等(2005)也发现,债务市场对盈余波动所导致的信息风险进行了定价,盈余波动会带来更高的债务成本。投资者认为公司的净利润波动程度越高,投资公司的风险也越大。因此,我们预期公司净利润的波动程度中介了风险可控性对投资风险的影响。

此外,投资者感知到的投资风险会影响他们作出的有关投资吸引力的评价,感知到的投资风险越高,则公司未来业绩的不确定程度越高,投资者进行投资的可能性就越低(Kahneman 和 Lovallo,1994;Clarke 和 Lovegrove,2000;毛华配等,2013),即公司对投资者的投资吸引力也越低。

我们预期的关于自变量、中介变量和因变量之间的关系,如图 3-1 所示。

根据上述分析,我们提出以下假设。

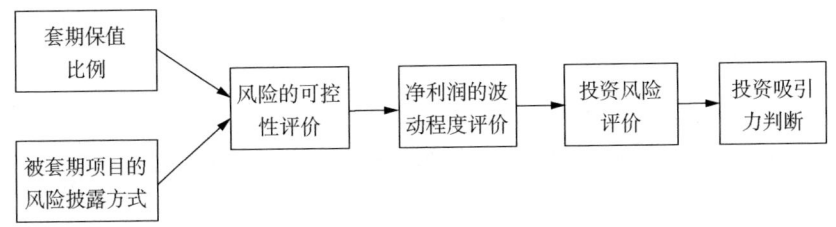

图 3-1　假设预期的中介模型

假设 7：个体投资者对风险可控性的评价中介了套期保值比例、被套期项目的风险披露方式对净利润波动程度判断的影响；个体投资者对净利润波动程度的评价中介了风险可控性对投资风险判断的影响；个体投资者对投资风险的评价中介了净利润波动程度对投资吸引力判断的影响。

第四章　实　验　设　计

　　实验研究最大的优势是检验变量之间的因果关系（Kerlinger，1964）。实验的内部效度和外部效度是决定实验有效性的两个主要因素。内部效度是指因变量的差异在多大程度上是由自变量的差异导致的，外部效度则是指实验的结果在多大程度上可以推广到不同的总体、不同的情境和不同的时期（Trotman，1996）。实验具有相对较高的内部效度，但是在所有的实验中，总有除自变量之外的其他变量会影响结果，因此需要控制这些额外变量以确保实验的内部效度（Cook 和 Chanpell，1979）。随机化是最重要的控制技术，它可以控制额外的变量。随机化能够确保所有实验参与者被随机分配到各个实验条件组，从而确保已知的或未知的额外变量没有系统性地影响实验结果。此外，随机化尤其可以控制实验参与者的个体差异。实验也可以通过一些其他的方法，诸如测度这些额外的变量并将它们作为协方差以控制它们的影响。由于实验环境需要人为控制，与现实环境存在一定的差异，因此可能影响实验结果的推广，具有相对较低的外部效度。虽然如此，良好的实验设计可以提高实验的外部效度，如选择更有代表性的实验参与者、增加实验情境的现实性等（张继勋，2008）。

　　实验研究方法一直是本研究领域内比较主要的研究方法。本书采用实验研究方法而非档案研究方法等其他研究方法，主要有以下四个原因。

　　第一，实验研究可以保证自变量变化和因变量变化发生时间的先后顺序，确保所验证的因果关系。此外，实验研究能够很好地控制除自变量外的其他变量,排除其他控制变量对因变量的潜在影响,确保自变量和因变量之间更加纯粹的因果关系,这有助于发现改进投资者判断和决策质量的路径。

第二,借鉴实验的优势,可以检验个体投资者决策判断的过程,检验影响投资者的投资决策的中介因素。本书以心理学中的信息加工理论、认知拟合理论和风险感知理论等为理论指导,探讨衍生工具的使用、相关风险信息披露方式对投资者风险感知和投资决策的影响机制和路径,揭示投资者作出投资决策的中间过程。

第三,可以考查个体投资者自身特征的影响,如个体投资者的投资经验、能力、风险偏好等因素的影响,从而检验不同类型投资者的决策差异。

第四,无法利用档案数据时的检验。实验研究可以通过实验获取档案研究所无法获取的数据。本书主要考查衍生工具的使用、相关风险信息披露方式对投资者风险感知和投资决策的影响。在实践中采用某种披露方式的公司(如采用定量的方式披露相关风险)数量很少,因此采用档案研究很难获取充分的数据以对本书的研究问题进行检验。此外,我们需要保持衍生工具的使用、相关风险披露方式以外的其他经济因素不变,以研究两者对投资者投资判断的影响。考虑到年报中上市公司大量的披露内容和其他信息以及上市公司经济状况的差异,档案研究很难控制这些披露内容和经济差异,因此很难利用实证数据分离出衍生工具的使用、相关风险披露方式的影响。最后,实验研究可以直接测度投资者的风险感知因素(如对风险的恐惧、担忧程度、风险可控性的感知等),而档案研究无法测度上述因素。考虑到实证研究很难将信息披露内容和信息披露方式的影响区分出来,因此对信息披露方式的研究主要是采用实验研究方法。

本章内容主要包括三个方面:首先,介绍本实验的总体设计和实验参与者的选择;其次,介绍实验任务和实验过程;最后,介绍本实验研究的自变量和因变量。

第一节　实验设计及实验参与者

一、实验设计

实验研究的主要目的是考查自变量和因变量之间的因果关系,良好的实验设计既是实现研究目标的前提和基础,也是确保实验内部效度和外部效度的重要条件。因此,为了实现上述目标,实验设计不仅要符合具体研究问题的需要,还需要考虑实验的效度问题,实验设计应该能够尽可能允许研究人员有效、客观、准确且经济地回答研究问题(Trotman,1996)。

本研究采用"2×2+2"的被试间实验设计。实验涉及两个自变量,分别是套期保值比例和被套期项目的风险披露方式。其中,套期保值比例包括两个水平:大比例套期保值和小比例套期保值。大比例套期保值是指公司对一大部分预期采购的燃油进行套期保值,而小比例套期保值是指公司对一小部分预期采购的燃油进行套期保值。被套期项目的风险披露方式也包括两个水平:定性披露和定量披露。其中,定性披露是指公司仅用文字描述了燃油价格波动的风险而没有披露该风险对公司净利润的具体影响金额,而定量披露则指公司明确提供了燃油价格波动对公司净利润的具体影响金额。此外,实验还包含两组控制组,分别是:定性披露和无套期保值组;定量披露和无套期保值组。本研究包括六个实验条件组,根据研究需要,实验参与者会被随机分配到不同的实验条件组中。通过对各组实验参与者所作出的判断和决策,本书分析检验套期保值比例和被套期项目的风险披露方式对投资者的投资判断和决策的影响。随机化能够确保实验参与者被分配到实验条件组的概率相同,从而可以控制实验参与者在实验之前存在的偏差。这使我们可以合理推断实验结果受自变量影响,而不受其他外在变量的影响。

本研究采用的是被试间实验设计。被试间实验设计是指每个实验参与者仅受到一种自变量水平或多个自变量水平组合中的影响,也就是说不同的实验参与者会受到不同的自变量水平或自变量水平组合的影响(张继勋,2008)。被试间实验设计具有以下几个方面的优势:①被试内实验设计由于需要实验参与者同时接受一个自变量的多个水平的影响,因此在实验参与者中易产生的学习效应或需求效应会影响实验结果,而被试间实验设计可以避免这类问题;②在被试间实验设计中,实验参与者仅接受单一水平的实验处理,因此可以在较短的时间内完成实验,避免实验参与者疲劳;③实验参与者的随机化分配可以降低他们在实验中的反应偏误(张继勋,2008)。此外,与被试内实验设计相比,虽然被试间实验设计需要更多的实验参与者,但是由于被试间实验设计具有上述优势,可以保证实验结果更为纯粹,不会受到其他实验处理方式的干扰,因此在被试资源较为充裕的情况下,被试间实验设计是比较理想的实验设计选择。

二、实验参与者

在实验研究中,实验参与者的选择需要与研究目标相匹配(Libby等,2002),选择适当的实验参与者直接关系到实验结果的可靠性和研究结论的普遍适用性。Libby等(2002)认为,选择与实验目的相匹配的实验参与者至关重要。并不是所有实验都需要选择专业的实验参与者或职业投资者,在关于个体投资者的实验中,只要实验参与者具备了理解实验背景所需的基本会计、财务和投资方面的知识,就可以恰当地替代个体投资者,实验参与者的选择就是恰当的。此外,一些研究也发现,职业投资者或分析师的判断和决策与一般的实验参与者没有显著差异。例如,Barton和Mercer(2005)发现,职业分析师和商学院研究生作出的判断没有本质上的差异。

本研究选择有工作经验的且具有会计硕士专业学位(MPAcc)的学员作为个体投资者的替代,原因主要有以下两点:第一,本研究关注了公司利用衍生工具进行套期保值、套期保值比例和被套期项目的风险披露方式对个体投资者的投资判断的影响,要求实验参与者对公司所披露的相关会计和衍生工具风险等信息进行分析并作出投资决策,因此需要实验参与者具备充分的会计和财务等方面的知识,并对衍生工具和套期保值有一定的了解,以理解本研究的实验背景。有工作经验的 MPAcc 学员具有更充分的会计、公司财务和衍生工具等知识,足以理解我们的实验任务和实验背景,并且也具有一定的工作经验和投资经验。因此,考虑到拥有与实验任务相匹配的基本知识和经验是评价实验参与者选择恰当与否的首要标准(Libby 等,2002;Elliott 等,2007),我们认为有工作经验的 MPAcc 学员是恰当的个体投资者替代。第二,本研究需要实验参与者具备充分会计和财务知识,也倾向以会计或财务方向的专业人士作为个体投资者的替代。例如,Han 和 Tan(2010)关于投资者对管理层盈余预测反应的研究中,选择以财务管理专业硕士生作为实验参与者。Elliott 等(2012)关于投资者对公司估值评估的研究,以参加过财务报表分析课程的硕士研究生作为实验参与者。我们认为在本研究中,MPAcc 学员是恰当的个体投资者的替代,因此,本研究选择了以有工作经验的 MPAcc 学员作为实验参与者。

本研究的实验参与者是来自国内一所综合性大学商学院的、有工作经验的 206 名 MPAcc 学员。实验参与者的平均年龄是 28.34 岁,平均工作年限为 5.09 年。其中,男性和女性实验参与者的人数分别为 88 人和 118 人,占全部实验参与者的比例分别为 42.7% 和 57.3%。87.4% 的实验参与者已经或计划投资股市,已经投资过股市的实验参与者平均的投资经验为 3.47 年。实验参与者平均学习了 10 门财务和会计课程。总之,本研究选择的实验参与者能够承担本次实验研究的任务。

第二节　实验任务和过程

一、实验任务

实验任务的设计包含了对实验自变量的操纵,所操纵的自变量能否对实验参与者的判断和决策产生直接的影响决定了实验的内部效度。实验任务和现实中实验参与者的判断和决策活动的相似程度,以及实验参与者对实验任务的熟悉程度影响了实验的外部效度,进而决定了实验结果的普遍适用性。

本研究的目的是检验公司利用衍生工具进行的套期保值、套期保值的比例和被套期项目风险的披露方式对个体投资者的投资判断的影响。在本研究中,实验参与者被要求充当一家公司的潜在投资者。实验材料为一家上市公司(后称 ABC 公司)的基本背景信息、行业状况和简要的资产负债表和利润表。提供这些信息的目的是给实验参与者营造一个相对真实的决策环境,实验参与者在进行投资决策和判断时也会利用这些信息。本书为所有实验参与者提供完全相同的信息。随后会根据实验条件组,给实验参与者提供关于公司的被套期项目风险(即燃油价格波动风险)的信息和套期保值比例及衍生工具风险的信息(在控制组中没有提供套期保值比例和衍生工具风险的信息),也就是给他们提供本研究所要操纵的自变量,然后要求实验参与者对公司的投资风险和投资吸引力进行评价。投资风险评价反映出实验参与者对公司的风险感知,是投资者最终进行投资决策的首要考虑因素,风险感知的高低会影响投资者最终作出的投资决策。投资吸引力的评价是投资者对该公司投资的意愿,反映出投资者投资可能性的大小。本研究目的是检验公司利用衍生工具进行套期保值的比例和被套期项目的风险披露方式如何影响投资者的投资风险评价和投资吸引力判断,因此本研究要求实验参与者根据上述信息进行投资判断以便实现研究目标。此外,复杂和不熟悉的实验任务会降低实验参与者的决策和判断质量(Wood,2010),而选择实验参与者熟悉的实验任务可以降低实验参与者对实验任务难度的感知,提高实验参与者的判断和决策质量,进而获得稳定和可靠的实验结果。投资者在平时的决策和判断中,经常会利用公司所披露的风险信息,因此本研究的实验任务是实验参与者所熟悉的,可以保证实验结果的稳定性和可靠性。

二、实验过程

本实验是在 MPAcc 课堂上进行的,首先由实验负责人向实验参与者介绍实验的基本要求,接下来研究者将实验材料随机发放给实验参与者,在监督实验参与者独立完成实验后,现场立即收回实验材料。

实验材料主要包括四部分内容:公司背景信息和财务信息、实验中所操纵的自变量信息、因变量及其他相关问题、人口统计信息。首先,实验材料提供给实验参与者 ABC 公司的背景信息和财务信息,包括 ABC 公司的公司概况和行业状况,以及简要的资产负债表和利润表。然后,实验材料也给实验参与者提供了公司的燃油价格波动风险信息和衍生工具风险信息。在燃油价格波动风险信息中,实验操纵了燃油价格波动风险的披露方式(定性的/定量的)。定性的信息披露仅告知实验参与者燃油价格波动风险会影响公司利润,而定量的信息披露则明确告知实验参与者燃油价格波动风险对公司利润的具体影响。在衍生工具的风险信息中,实验操纵了公司利用期货合约进行套期保值的比例(大比例/小比例)。根据不同的实验条件组,实验参与者被告知公司利用燃油期货合约对一大部分(一小部分)预期购买的燃油进行套期保值,同时也给实验参与者提供了公司持有的衍生工具对公司利润的具体影响金额。在两个控制组中,仅提供给实验参与者公司的燃油价格波动风险信息(定性的/定量的),没有给实验参与者提供随后的衍生工具风险信息。

实验参与者在阅读完所给的实验材料后,需要根据信息回答一些与投资风险评价和投资吸引力判断相关的问题,并回答操控性检验相关问题。最后,实验参与者需要提供人口统计信息。整个实验大约花费 20 分钟时间。

第三节　实验中的自变量与因变量

实验中的变量主要包括自变量和因变量。自变量是研究者操控的变量,研究者通过操控自变量的不同水平,检验实验参与者的判断如何受到自变量不同水平的影响。实验者可以在不同水平上操纵自变量,也可以根据实验参与者某方面的特征划分自变量,这种通过测度来划分的自变量被称为测量变量或被试变量。因变量是指由操控的自变量引起的实验参与者的某种特定的反应,是研究者想要观察的随自变量变化而变化的变量。

一、自变量

本实验研究包括两个自变量:第一个是被套期项目的风险披露方式,具体有定性的信息披露方式和定量的信息披露方式;第二个是套期保值比例,具体有大比例套期保值和小比例套期保值。

(一) 被套期项目的风险披露方式

本研究的实验背景是公司对预期购买的燃油进行套期保值,以规避未来燃油价格波动风险,因此在本实验中被套期项目的风险具体是指公司所面临的燃油价格波动风险。根据目前上市公司实际对风险的披露方式,本实验在定性及定量的信息披露方式上对公司的燃油价格波动风险的披露方式进行操控。定性的信息披露仅告知实验参与者燃油价格波动风险会影响公司利润,而定量的信息披露则明确告知实验参与者燃油价格波动风险对公司利润的具体影响。具体来说,在定性的风险信息披露条件组中,实验参与者被告知"如果燃油市场价格上升,公司下一年利润总额将减少;如果燃油市场价格下降,公司下一年利润总额将增加";在定量的风险信息披露条件组中,实验参与者被告知"如果燃油市场价格上升 10%,公司下一年利润总额将减少 4亿元,占利润总额的52.2%;如果燃油市场价格下降 10%,公司下一年利润总额将增加 4 亿元,占利润总额的 52.2%"。

值得注意的是,为了控制定性信息条件组和定量信息条件组之间的信息差异,进而保证两组之间实验参与者的判断差异主要是由信息披露方式不同所导致的,而不是信息内容差异所导致的,所有实验参与者均被告知公司过去三年的燃油消耗量和燃油成本。由于燃油消耗量在过去三年是稳定的,因此实验参与者可以推测出公司下一年度燃油消耗量与本年相比没有太大的差异(燃油成本=燃油消耗量×燃油价格)。在定性信息条件组中,实验参与者可以据此推测出燃油价格上升 10%时公司的燃油成本的变化,进而推测出对公司利润的具体影响,从而消除了定性条件组和定量条件组之间的信息差异。

(二)套期保值比例

本实验在两个水平上(大比例/小比例)对公司的套期保值比例进行操控。在大比例套期保值条件组,实验参与者被告知"ABC 公司使用商品期货——燃油期货合约对一大部分预期采购的燃油进行套期保值",以及相应的衍生工具风险"如果燃油市场价格上升 10%,燃油期货合约公允价值变动会导致公司下一年利润总额增加 3.1 亿元,占利润总额的 40.4%。如果燃油市场价格下降 10%,燃油期货合约公允价值变动会导致公司下一年利润总额减少 3.1 亿元,占利润总额的40.4%"。在小比例套期保值条件组,实验参与者被告知"ABC 公司使用商品期货——燃油期货合约对一小部分预期采购的燃油进行套期保值",以及相应的衍生工具风险"如果燃油市场价格上升 10%,燃油期货合约公允的价值变动会导致公司下一年利润总额增加 8 000 万元,占利润总额的 10.4％;如果燃油市场价格下降 10％,燃油期货合约的公允价值变动会导致公司下一年利润总额减少 8 000 万元,占利润总额的 10.4％"。

此外,本实验包含两个控制组,在两个控制组中,仅提供给实验参与者公司的燃油价格波动风险信息(定性的/定量的),没有给实验参与者提供随后的套期保值比例信息和衍生工具风险信息。

二、因变量

本研究的主要因变量是投资者对公司的投资风险评价和投资吸引力判断。此外,我们也测度了实验参与者对风险可控性的感知、净利润波动程度的评价,以这些变量作为中介变量,进一步考查投资者的投资判断和决策过程。

(一) 投资风险

公司利用衍生工具进行套期保值的目的就是控制公司所面临的风险,公司所披露的风险信息和进行套期保值的比例必然会影响投资者的风险感知和评价,因此本研究设计了投资风险评价问题以明晰公司的风险披露方式和套期保值比例对投资者风险评价的影响。具体来说,我们询问实验参与者"从整体来看,您认为投资 ABC 公司的风险有多大?",要求实验参与者在量表中打分,0 代表风险很小,10 代表风险很大。

(二) 投资吸引力

本实验要求实验参与者充当 ABC 公司的潜在投资者,因此要求实验参与者判断公司的投资吸引力。这与投资者在平时进行投资判断和决策类似,在投资者购买一家公司股票前,他会评价公司是否具有投资价值,而公司的投资吸引力越高,投资者对公司股票进行投资的可能性越大。因此,我们要求实验参与者判断公司的投资吸引力。具体来说,我们询问实验参与者"您认为 ABC 公司的投资吸引力有多大?",并要求实验参与者在量表中打分,0 代表没有投资吸引力,10 代表非常有投资吸引力。

(三) 风险的可控性

套期保值通常是公司管理层进行风险管理的一种手段,利用衍生工具进行套期保值的公司会使投资者感知到,管理层在一定程度上能够控制公司所面临的被套期项目的风险。根据风险感知理论,我们认为投资者对风险可控性的感知会影响他们对投资风险的评价,因此要求实验参与者评价他们对风险可控性的感知。具体来说,我们询问实验参与者"您认为,在多大程度上 ABC 公司管理层能够控制公司所面临的燃油价格波动风险?",并要求实验参与者在量表中打分,0 代表不能控制,10 代表完全能控制。

(四) 净利润的波动程度

公司盈余的波动程度会影响投资者对风险的感知(Beaver 等,1970)。公司管理层也会避免报告波动盈余的事项,以避免由此导致的负面的股价反应(Bartov 等,2002)。因此,我们要求实验参与者评价公司的净利润波动程度。具体来说,我们询问实验参与者"您认为,ABC 公司未来净利润的波动程度有多大?",并要求实验参与者在量表中打分,0 代表波动很小,10 代表波动很大。

第五章　实验结果与分析

本章通过对实验数据的分析,检验套期保值比例、被套期项目风险的披露方式对投资者投资判断的影响,同时通过中介分析检验投资者判断和决策的过程。本章主要包括以下五节:第一节为随机化检查和操控检验;第二节为套期保值和被套期项目的风险披露方式对投资判断的影响;第三节为套期保值比例和被套期项目的风险披露方式对投资判断的影响;第四节为中介作用分析,主要检验了一些中介变量对投资者投资判断的中介作用;第五节为附加分析,主要检验自变量以外的其他变量对投资者投资判断的影响,目的是排除自变量以外的其他因素对实验结果的解释。

第一节　随机化检查和操控检验

一、实验参与者分析

实验参与者自身的特征,例如年龄、工作经验、投资经验以及对衍生工具的熟悉程度等因素都会潜在地影响实验结果。因此,为了控制这些额外变量对因变量的影响,提高实验研究结果的可靠性,我们对实验参与者的基本情况进行了分析。

（一）实验参与者的性别和年龄

根据表 5-1 的统计结果,可以发现参加本研究的实验参与者中,女性人数稍高于男性人数。其中，男性有 88 名，占所有实验参与者的 42.7%；女性有 118 名，占所有实验参与者的 57.3%。如表 5-2 实验参与者年龄的描述性统计所示，实验参与者的平均年龄为 28.34 岁，实验参与者的最小年龄为 25 岁，最大年龄为 39 岁。

表 5-1　实验参与者性别的描述性统计

性别	人数	所占比例
男性	88	42.7%
女性	118	57.3%
合计	206	100%

表 5-2　实验参与者年龄的描述性统计

样本量	最小年龄值	最大年龄值	平均年龄值	标准差
206	25	39	28.34	2.602

（二）实验参与者的工作年限

表 5-3 为实验参与者的工作年限，描述性统计结果表明，实验参与者的工作经验最少为 2 年，最多为 15 年，平均为 5.09 年。整体来看，实验参与者具有较为丰富的工作经验。

表 5-3　实验参与者工作年限的描述性统计

样本量	最低年限	最高年限	平均年限	标准差
206	2.00	15.00	5.09	2.593

（三）实验参与者的投资经验

本研究主要考查是否套期保值、套期保值比例和被套期项目的风险披露方式如何影响投资者的投资决策，研究需要实验参与者具备一定的投资知识和经验，否则实验结果的可靠性会受到影响。因此，实验参与者是否具备一定的投资经验是评价实验参与者选择恰当与否的重要因素。如表5-4所示,大多数实验参与者都投资过或计划投资股市,具体来说,152名实验参与者投资过股市,占实验参与者总体的73.8%;28名实验参与者计划投资股市,占实验参与者总体的13.6%。也就是说,87.4%的实验参与者已经投资或计划投资股市。表5-5列示了实验参与者具体的投资经验年限,实验参与者最少拥有1年的投资股市的经验,最多拥有11年的投资经验,平均来说,实验参与者拥有3.47年的投资经验。因此,整体来看,实验参与者具备一定的投资知识和经验,适合承担本次实验任务。

表5-4　实验参与者已投资或计划投资股市的描述性统计

是否投资股市	人数	所占比例
已投资股市	152	73.8%
计划投资股市	28	13.6%
否	26	12.6%
合计	206	100%

表5-5　实验参与者投资经验年限的描述性统计

样本量	最低年限	最高年限	平均年限	标准差
152	1.00	11.00	3.47	2.057

(四) 实验参与者所学的会计和财务课程的数量

丰富的财会知识有助于实验参与者理解实验任务及背景,进而提高他们在实验中的判断质量。我们询问了实验参与者学过多少门会计和财务方面的课程,实验参与者的回答经整理如表5-6所示:实验参与者至少学过5门会计和财务课程,最多学过15门会计和财务课程;平均来说,实验参与者学过10.06门会计和财务课程。这说明实验参与者具备了实验任务所需的财务和会计相关的知识。

表5-6　实验参与者所学会计和财务课程数量的描述性统计

样本量	最小数量	最大数量	平均数量	标准差
206	5	15	10.06	2.115

（五）实验参与者对衍生工具的熟悉程度

本研究考查公司利用衍生工具进行套期保值的比例等因素对投资者判断和决策的影响,实验任务需要实验参与者在一定程度上熟悉衍生工具,所以我们询问了实验参与者对金融工具及其衍生品的熟悉程度,要求实验参与者在量表中打分,0代表不熟悉,10代表十分熟悉。根据实验参与者的回答（见表5-7）,实验参与者对金融工具及其衍生品的熟悉程度最小值为2,最大值为9;平均来说,实验参与者对金融工具及其衍生品的熟悉程度为4.12。这一结果表明,实验参与者对金融工具及其衍生品的熟悉程度不高,这可能源自实验参与者平时较少接触衍生工具,不过这个结果与个体投资者的实际情况也较为一致。此外,结果也表明实验参与者在一定程度上了解金融工具及其衍生品,基本具备了实验任务所要求的衍生工具相关的知识。

表5-7　实验参与者对金融工具熟悉程度的描述性统计

样本量	最小值	最大值	平均值	标准差
206	2	9	4.12	1.390

二、随机化检查

实验研究可以通过多种方法控制额外变量以确保自变量和因变量之间的因果关系,包括排除法、匹配法和随机化法等。其中,随机化法是最重要也是最有效的控制技术,随机化法能够使每一个研究对象以概率均等的原则被随机分配到不同的实验条件组。根据本研究的实验设计,实验共有六个条件组,定性风险信息披露/大比例套期保值

（以下简称定性披露/大比例）、定性风险信息披露/小比例套期保值（以下简称定性披露/小比例）、定量风险信息披露/大比例套期保值（以下简称定量披露/大比例）、定量风险信息披露/小比例套期保值（以下简称定量披露/小比例），以及两个控制组——定性披露条件组和定量披露条件组。为了保证实验结果不受实验参与者自身特征的影响，我们在实验中随机将实验参与者分配到六个实验条件组中。

在实验研究中，实验参与者的性别、年龄、工作年限和投资经验等相关的自身特征可能会影响本研究的实验结果，为了进一步确保随机化分组能够成功控制这些额外变量的影响，我们接下来利用统计方法对实验参与者的随机化分组进行检验。

（一）实验参与者性别和年龄的随机化检查

从表 5-8 实验参与者性别的描述性统计结果可以发现，不同实验组的实验参与者的男女比例的差异并不大。卡方检验的结果显示，在六个实验条件组中实验参与者的男女比例并没有显著差异（卡方值＝0.224，p＝0.999）。因此，实验参与者的性别差异不会影响实验结果。

表 5-8 不同条件组实验参与者性别的随机化检查

实验条件组	定性披露/大比例	定性披露/小比例	定量披露/大比例	定量披露/小比例	定性披露	定量披露	合计
男	14	16	15	15	14	14	88
女	21	20	19	20	18	20	118
合计	35	36	34	35	32	34	206

卡方检验结果： 卡方值＝0.224 p 值 ＝ 0.999 自由度＝5

从表 5-9 实验参与者年龄的随机化检验可以发现，不同实验组的实验参与者的平均年龄非常接近。"定性披露/大比例"条件组实验参与者的平均年龄为 28.40 岁，"定性披露/小比例"条件组实验参与者的平均年龄为 29.03 岁,"定量披露/大比例"条件组实验参与者的平均年龄为 27.97 岁,"定量披露/小比例"条件组实验参与者的平均年龄为 28.31 岁,"定性披露(控制组)"条件组实验参与者的平均年龄为 28.25 岁,"定量披露(控制组)"条件组实验参与者的平均年龄为 28.03 岁。

表 5-9　不同条件组实验参与者年龄的描述性统计

实验条件组	样本量	均值	最小值	最大值	标准差
定性披露/大比例	35	28.40	25	39	2.637
定性披露/小比例	36	29.03	26	37	2.843
定量披露/大比例	34	27.97	25	35	2.431
定量披露/小比例	35	28.31	25	34	2.888
定性披露(控制组)	32	28.25	25	37	2.514
定量披露(控制组)	34	28.03	26	36	2.263
合计	206	28.34	25	39	2.602

从表 5-10 的实验参与者年龄方差分析结果可以看出,各实验条件组的实验参与者的年龄不存在显著差异(F 值 $=0.744$,$p=0.591$)。这表明从实验参与者年龄的角度来看,我们成功地实现了对实验参与者的随机化分组,实验参与者的年龄不会对实验结果产生影响。

表 5-10　实验参与者年龄的随机化检查

项目	平方和	自由度	均方值	F 值	p 值
组间	25.357	5	5.071	0.744	0.591
组内	1 362.856	200	6.814		
合计	1 388.214	205			

（二）实验参与者工作经验的随机化检查

从表 5-11 实验参与者工作经验的描述性统计结果可以发现,不同实验组的实验参与者的工作经验比较接近。"定性披露/大比例"条件组实验参与者的平均工作经验为 5.06 年，"定性披露/小比例"条件组实验参与者的平均工作经验为 5.46 年，"定量披露/大比例"条件组实验参与者的平均工作经验为 4.89 年，"定量披露/小比例"条件组实验参与者的平均工作经验为 5.08 年，"定性披露（控制组）"条件组实验参与者的平均工作经验为 5.09 年，"定量披露（控制组）"条件组实验参与者的平均工作经验为4.92 年。

表 5-11　不同条件组实验参与者工作经验的描述性统计

实验条件组	样本量	平均值	最小值	最大值	标准差
定性披露/大比例	35	5.06	2.70	15.00	2.56011
定性披露/小比例	36	5.46	2.60	13.00	2.71854
定量披露/大比例	34	4.89	2.00	12.00	2.54210
定量披露/小比例	35	5.08	2.50	11.00	2.49798
定性披露（控制组）	32	5.09	2.60	13.40	2.78949
定量披露（控制组）	34	4.92	2.80	13.00	2.60122
合计	206	5.09	2.00	15.00	2.59343

从表 5-12 的实验参与者工作经验方差分析结果可以看出，各实验条件组的实验参与者的工作经验不存在显著差异（F 值＝0.215，p＝0.956）。这表明从实验参与者工作经验的角度来看，我们成功地实现了对实验参与者的随机化分组，实验参与者的工作经验不会对实验结果产生影响。

表 5-12　实验参与者工作经验的随机化检查

项目	平方和	自由度	均方值	F 值	p 值
组间	7.380	5	1.476	0.215	0.956
组内	1 371.427	200	6.857		
合计	1 378.807	205			

（三）实验参与者投资经验的随机化检查

我们分析了实验参与者的投资经验。从表 5-13 实验参与者投资经验的描述性统计结果可以发现，不同实验组的实验参与者的投资经验比较接近。"定性披露/大比例"条件组实验参与者的平均投资经验为 2.54 年，"定性披露/小比例"条件组实验参与者的平均投资经验为 2.90 年，"定量披露/大比例"条件组实验参与者的平均投资经验为 2.35 年，"定量披露/小比例"条件组实验参与者的平均投资经验为 2.55 年，"定性披露（控制组）"条件组实验参与者的平均投资经验为 2.64 年，"定量披露（控制组）"条件组实验参与者的平均投资经验为 2.46 年。

表 5-13　不同条件组实验参与者投资经验的描述性统计

实验条件组	样本量	均值	标准差
定性披露/大比例	35	2.54	2.11732
定性披露/小比例	36	2.90	2.71088
定量披露/大比例	34	2.35	2.26639
定量披露/小比例	35	2.55	2.19871
定性披露（控制组）	32	2.64	2.35166
定量披露（控制组）	34	2.46	2.37089
合计	206	2.58	2.32348

从表 5-14 的实验参与者投资经验方差分析结果，可以看出各实验条件组的实验参与者的投资经验不存在显著差异（F 值＝0.228，p＝0.950）。这表明从实验参与者投资经验的角度来看，我们成功地实现了对实验参与者的随机化分组，实验参与者的投资经验不会对实验结果产生影响。

表 5-14　实验参与者投资经验的随机化检查

项目	平方和	自由度	均方值	F 值	p 值
组间	6.266	5	1.253	0.228	0.950
组内	1 100.442	200	5.502		
合计	1 106.708	205			

（四）实验参与者所学财务会计知识的随机化检查

实验参与者拥有一定的财务和会计方面的知识,在一定程度上可以更好地了解本研究的实验背景和实验任务,并有效地为个体投资者提供投资决策的基本知识和判断依据。因此,为了了解实验参与者是否具有财务会计方面的专业知识,我们询问参与者"您曾经学过多少门财务和会计课程?",结果如表 5-15 所示,实验参与者平均学习了 10.06 门财务会计方面的知识。

表 5-15　不同条件组实验参与者所学会计财务课程数量的描述性统计

实验条件组	样本量	均值	最小值	最大值	标准差
定性披露/大比例	35	10.23	7	15	1.784
定性披露/小比例	36	9.92	5	15	1.962
定量披露/大比例	34	9.79	5	14	2.143
定量披露/小比例	35	10.03	5	15	2.760
定性披露(控制组)	32	10.12	6	14	2.181
定量披露(控制组)	34	10.26	5	15	1.831
合计	206	10.06	5	15	2.115

根据表 5-16 的单因素方差分析结果显示,各组实验参与者所学会计财务课程不存在显著差异(F 值=0.252,显著性=0.939)。这表明从实验参与者的财务会计知识的角度来看,我们成功地实现了对实验参与者的随机化分组,实验参与者的财务会计知识不会对实验结果产生影响,确保了实验结果的内部效度。

表 5-16　实验参与者所学会计财务课程数量的随机化检查

	平方和	自由度	均方值	F 值	p 值
组间	5.732	5	1.146	0.252	0.939
组内	911.569	200	4.558		
合计	917.301	205			

(五) 实验参与者对衍生工具的熟悉程度的随机化检查

本研究的实验背景涉及公司利用衍生工具进行套期保值,因此实验参与者对金融工具及其衍生品的熟悉程度也会影响他们的判断和决策。本研究检验了各组之间实验参与者对衍生工具熟悉程度的差异。

我们要求实验参与者评价其对金融工具及其衍生品的熟悉程度,要求实验参与者在量表中打分,0 代表不熟悉,10 代表十分熟悉。如表 5-17 所示,实验参与者平均对衍生工具的熟悉程度是 4.12,最低熟悉程度是 2,最高是 9。表 5-18 的单因素方差分析结果显示,各组实验参与者对金融工具的熟悉程度不存在显著差异(F 值 $= 0.417, p = 0.836$)。这表明我们成功地实现了对实验参与者的随机化分组,实验参与者对衍生工具熟悉程度的差异不会对实验结果产生影响。

表 5-17　不同条件组实验参与者对金融工具熟悉程度的描述性统计

实验条件组	样本量	均值	最小值	最大值	标准差
定性披露/大比例	35	4.37	3	9	1.516
定性披露/小比例	36	4.22	2	8	1.245
定量披露/大比例	34	3.97	2	7	1.566
定量披露/小比例	35	4.11	2	9	1.471
定性披露(控制组)	32	4.03	3	8	1.332
定量披露(控制组)	34	4.00	2	8	1.231
合计	206	4.12	2	9	1.390

表 5-18 实验参与者对金融工具熟悉程度的随机化检查

项目	平方和	自由度	均方值	F 值	p 值
组间	4.090	5	0.818	0.417	0.836
组内	391.876	200	1.959		
合计	395.966	205			

三、操控检验

操控检验,是指检验实验参与者对实验材料中的线索的强度和方向的感知是否与实验处理相一致(Trotman,1996)。操控检验的目的是评价实验者对自变量的操纵是否会对实验参与者产生预期的影响,只有在实验参与者能够确切感知到自变量的不同水平的操控,所操控的自变量才有可能对实验参与者的判断和决策产生影响。

在本研究的实验中,我们操控了两个自变量,即被套期项目的风险披露方式和套期保值比例。因此,为了检验我们对这两个自变量的操控是否成功,本研究实验设计了二个相关的研究问题:检验实验参与者是否准确感知到被套期项目的风险披露方式、套期保值比例;根据实验参与者的回答,检验实验参与者是否真正理解本研究实验操控的自变量。

(一)被套期项目的风险披露方式的操控检验

本实验首先检验了实验参与者是否感知到不同条件组被套期项目的风险披露方式的差异,我们询问实验参与者"本案例中,ABC 公司是否披露了燃油价格波动风险的定量信息?",并要求实验参与者在"是"和"否"两个选项中作出选择。如表 5-19 所示,结果表明,大多数实验参与者正确回答了我们的操控检验问题。具体来说,在定性披露条件组中(包括定性披露/大比例、定性披露/小比例和定性披露控制组),有 88 名实验参与者作出了正确的回答,比例为 85.4%;在定量披露条件组中(包括定量披露/大比例、定量披露/小比例和定量披露控制组),有 95 名实验参与者作出了正确的回答,比例为92.2%。大多数实验参与者正确回答了操控检验问题,根据实验的操控情况,不同实验处理组的实验参与者的回答具有显著差异(卡方值=124.848,$p<0.001$)。因此,上述结果表明,我们对被套期项目的风险信息披露方式的操控是成功的。

表5-19 被套期项目的风险披露方式的操控检验

实验条件组	选"是"的人数(比例)	选"否"的人数(比例)	合计人数(比例)	卡方值	p 值
定性披露	15(14.6%)	88(85.4%)	103(100%)	124.848	<0.001
定量披露	95(92.2%)	8(7.8%)	103(100%)		

(二) 套期保值比例的操控检验

为了检验实验参与者是否准确感知了套期保值的比例,我们首先询问实验参与者"本案例中,ABC公司是否利用燃油期货合约进行套期保值,以降低燃油价格波动风险?",并要求实验参与者在"是"和"否"两个选项中作出选择。如表5-20所示,结果表明,大多数实验参与者正确回答了我们的操控检验问题。具体来说,在套期保值条件组中(包括定性披露/大比例、定性披露/小比例、定量披露/大比例、定量披露/小比例),有135名实验参与者作出了正确的回答,比例为96.4%;在无套期保值条件组中(定性披露控制组和定量披露控制组),所有实验参与者都作出了正确的回答。大多数实验参与者正确回答了操控检验问题,根据实验的操控情况,不同处理组的实验参与者的回答具有显著差异(卡方值=184.654,$p<0.001$)。接下来,我们询问实验参与者"如果对上一题的回答为'是',那么您认为ABC公司将利用燃油期货合约对预期购买的燃油中多大部分进行套期保值?",并要求实验参与者在"一小部分"和"一大部分"两个选项中作出选择。我们分

析了 135 名正确回答第一个问题的实验参与者的回答,结果如表 5-21 所示,大多数实验参与者正确回答了这一问题。具体来说,在大比例套期保值条件组中(包括定性披露/大比例和定量披露/大比例),60 名实验参与者作出了正确的选择,比例为 90.9%;在小比例套期保值条件组中(包括定性披露/小比例和定量披露/小比例),64 名实验参与者作出了正确的选择,比例为 92.8%。大多数实验参与者正确回答了操控检验问题,根据实验的操控情况,不同处理组的实验参与者的回答具有显著差异(卡方值=94.576,$p<0.001$)。因此,整体来看,上述结果表明我们对是否套期保值以及套期保值比例的操控是成功的。

表 5-20　是否套期保值的操控检验

实验条件组	选"是"的人数(比例)	选"否"的人数(比例)	合计人数(比例)	卡方值	p 值
套期保值条件组	135 (96.4%)	5 (3.6%)	140 (100%)	184.654	<0.001
无套期保值条件组	0 (0%)	66 (100%)	66 (100%)		

表 5-21　套期保值比例的操控检验

实验条件组	选"一大部分"的人数(比例)	选"一小部分"的人数(比例)	合计人数(比例)	卡方值	p 值
大比例套期保值条件组	60 (90.9%)	6 (9.1%)	66 (100%)	94.576	<0.001
小比例套期保值条件组	5 (7.2%)	64 (92.8%)	69 (100%)		

上述操控检验的结果表明,我们对本研究的两个自变量——被套期项目的风险披露方式和套期保值比例的操控是成功的。考虑到各实验条件组间实验参与者通过操控检验的比例没有显著差异,并且无论是否剔除没有通过操控检验的实验参与者,我们的实验结果均没有

显著差异,因此在以后的结果分析中,我们将用全样本进行分析。

第二节　套期保值和被套期项目的风险披露方式对投资判断的影响

鉴于套期保值的复杂性和风险信息传递的困难程度,投资者可能需要充分的信息才能理解衍生工具风险对公司的影响。同时,不同被套期项目的风险披露方式可能会影响投资者对衍生工具风险的理解,进而可能影响投资者的风险评价和投资判断。因此,我们需要检验套期保值和被套期项目的风险信息披露方式如何影响投资者的判断和决策。

本节内容主要涉及前文的两个假设,假设1和假设2,分别检验了在不同的风险信息披露方式下,公司是否利用衍生工具进行套期保值,对投资者的投资风险评价和投资吸引力判断的影响。

一、套期保值和被套期项目的风险披露方式对投资风险评价的影响

假设1预期,在公司披露燃油价格波动风险定性信息的情况下,与公司没有进行套期保值相比,在公司进行套期保值时,投资者评价的投资风险更高。假设2预期,在公司披露燃油价格波动风险定量信息的情况下,与公司没有进行套期保值相比,在公司进行套期保值时,投资者评价的投资风险更低。

图5-1显示了套期保值和被套期项目的风险披露方式对投资风险评价的影响。如图5-1所示,当公司披露的是燃油价格波动风险的定性信息时,与没有进行套期保值相比,公司进行套期保值时投资者的风险评价更高。相反,当公司披露的是燃油价格波动风险的定量信息时,与没有进行套期保值相比,公司进行套期保值时,投资者的风险评价更低。

为了检验假设1和假设2,我们首先以投资风险为因变量进行了方差分析。根据表5-22的描述性统计可以发现,在公司披露燃油价格

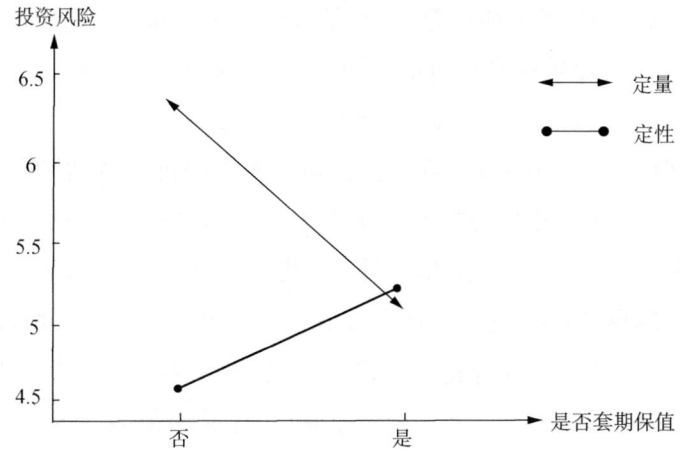

图 5-1　套期保值和被套期项目的风险披露方式对投资风险评价的影响

波动风险定性信息的情况下,当公司进行套期保值时,实验参与者对公司的投资风险的评价的均值是 5.24;当公司没有进行套期保值时,实验参与者对公司的投资风险的评价的均值是 4.59。在公司披露燃油价格波动风险定量信息的情况下,当公司进行套期保值时,实验参与者对公司的投资风险的评价的均值是 5.10;当公司没有进行套期保值时,实验参与者对公司的投资风险的评价的均值是 6.26。

表 5-22　投资风险的描述性统计

被套期项目的风险披露方式		是否进行套期保值		
		是	否	均值
定性披露	均值	5.24	4.59	5.04
	标准差	(1.777)	(1.388)	(1.686)
	样本量	$n=71$	$n=32$	$n=103$
定量披露	均值	5.10	6.26	5.49
	标准差	(1.619)	(1.864)	(1.782)
	样本量	$n=69$	$n=34$	$n=103$
均值		5.17	5.45	5.26
		(1.696)	(1.841)	(1.744)
		$n=140$	$n=66$	$n=206$

表 5-23 的方差分析结果表明,是否套期保值和被套期项目的风险披露方式的交互效应是显著的(F 值$=12.914$,$p<0.001$)。为了进一步验证假设 1 和假设 2,我们进行了简单效应分析,如表 5-24 所示。结合描述性统计,我们可以看出在公司披露燃油价格波动风险定性信息的情况下,与公司没有进行套期保值相比,当公司进行套期保值时,实验参与者对公司的投资风险的评价显著更高(F 值$=3.239$,$p=0.073$)。在公司披露燃油价格波动风险定量信息的情况下,与公司没有进行套期保值相比,当公司进行套期保值时,实验参与者评价的投资风险显著更低(F 值$=10.855$,$p=0.001$)。因此,上述结果表明,在公司披露燃油价格波动风险定性信息的情况下,投资者认为进行套期保值的公司的投资风险反而更高,而在公司披露燃油价格波动风险定量信息的情况下,投资者会判断进行套期保值的公司的投资风险会更低,证实了假设 1 和假设 2。

表 5-23 套期保值和被套期项目的风险披露方式对投资风险评价影响的方差分析

差异来源	Type III 平方和	自由度	均方值	F 值	p 值
校正模型	50.289[a]	3	16.763	5.904	0.001
截距	5 036.049	1	5 036.049	1.774E3	<0.001
风险披露方式	26.334	1	26.334	9.274	0.003
是否进行套期保值	3.002	1	3.002	1.057	0.305
是否进行套期保值 * 风险披露方式	36.669	1	36.669	12.914	<0.001
误差	573.556	202	2.839		
合计	6 328.000	206			
校正合计	623.845	205			

a. R Squared$=0.081$(Adjusted R Squared$=0.067$)

表 5-24　是否进行套期保值的简单主效应

项目	自由度	F 值	p 值
在定性披露的情况下： 套期保值 vs.不套期保值(5.24 vs. 4.59)	1	3.239	0.073
在定量披露的情况下： 套期保值 vs.不套期保值(5.10 vs. 6.26)	1	10.855	0.001

二、套期保值和被套期项目的风险披露方式对投资吸引力判断的影响

假设 1 预期,在公司披露燃油价格波动风险定性信息的情况下,与公司没有进行套期保值相比,当公司进行套期保值时,投资者评价的投资吸引力更低。假设 2 预期,在公司披露燃油价格波动风险定量信息的情况下,与公司没有进行套期保值相比,当公司进行套期保值时,投资者评价的投资吸引力更高。图 5-2 显示了套期保值和被套期项目的风险披露方式对投资吸引力判断的影响。

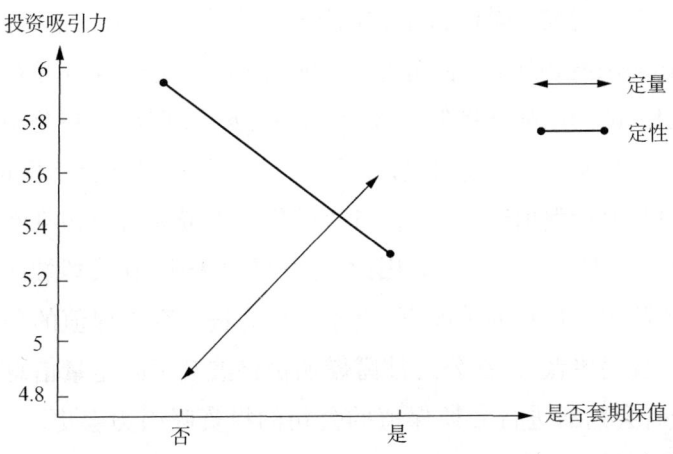

图 5-2　套期保值和被套期项目的风险披露方式对投资吸引力判断的影响

如图 5-2 所示,当公司披露的是燃油价格波动风险的定性信息时,与没有套期保值的公司相比,投资者对进行套期保值的公司的投资吸引力评价更低。相反,当公司披露的是燃油价格波动风险的定量信息时,与没有套期保值的公司相比,投资者对进行套期保值的公司的投资吸引力评价更高。

为了检验假设 1 和假设 2,我们以投资吸引力作为因变量进行了方差分析,根据表 5-25 的描述性统计可以发现,在公司披露燃油价格波动风险定性信息的情况下,在公司进行套期保值时,实验参与者对公司的投资吸引力判断的均值是 5.31;当公司没有进行套期保值时,实验参与者对公司的投资吸引力判断的均值是 5.94。在公司披露燃油价格波动风险定量信息的情况下,在公司进行套期保值时,实验参与者对公司的投资吸引力判断的均值是 5.58;当公司没有进行套期保值时,实验参与者对公司的投资吸引力判断的均值是 4.85。表 5-26 的方差分析结果表明,是否套期保值和被套期项目的风险披露方式的交互效应是显著的(F 值 $=8.908$,$p=0.003$)。为了进一步验证假设 1 和假设 2,我们进行了简单主效应分析,如表 5-27 所示,结合描述性统计,我们可以看出在公司披露燃油价格波动风险定性信息的情况下,与公司没有进行套期保值相比,在公司进行套期保值时,实验参与者对公司的投资吸引力的判断显著更低(F 值 $=3.766$,$p=0.054$)。在公司披露燃油价格波动风险定量信息的情况下,与公司没有进行套期保值相比,当公司进行套期保值时,实验参与者对公司投资吸引力的判断显著更高(F 值 $=5.213$,$p=0.023$)。因此,上述结果表明,在公司披露燃油价格波动风险定性信息的情况下,投资者认为进行套期保值的公司的投资吸引力反而更低;而在公司披露燃油价格波动风险定量信息的情况下,投资者会判断进行套期保值的公司的投资吸引力会更高,这一结果支持了假设 1 和假设 2。

表 5-25 投资吸引力的描述性统计

被套期项目的风险披露方式		是否进行套期保值		
		是	否	均值
定性披露	均值	5.31	5.94	5.50
	标准差	(1.470)	(1.045)	(1.378)
	样本量	$n=71$	$n=32$	$n=103$
定量披露	均值	5.58	4.85	5.34
	标准差	(1.666)	(1.672)	(1.695)
	样本量	$n=69$	$n=34$	$n=103$
均值		5.44	5.38	5.42
		(1.570)	(1.496)	(1.543)
		$n=140$	$n=66$	$n=206$

表 5-26 套期保值和被套期项目的风险披露方式对投资吸引力评价影响的方差分析

差异来源	Type III 平方和	自由度	均方值	F 值	p 值
校正模型	22.123[a]	3	7.374	3.196	0.025
截距	5 267.010	1	5 267.010	2.282E3	<0.001
风险披露方式	7.438	1	7.438	3.223	0.074
是否进行套期保值	0.110	1	0.110	0.048	0.827
是否进行套期保值 * 风险披露方式	20.556	1	20.556	8.908	0.003
误差	466.134	202	2.308		
合计	6 545.000	206			
校正合计	488.257	205			

a. R Squared=0.045 (Adjusted R Squared=0.031)

表 5-27 是否进行套期保值的简单主效应

项目	自由度	F 值	p 值
定性披露情况下： 套期保值 vs.不套期保值(5.31 vs. 5.94)	1	3.766	0.054
定量披露情况下： 套期保值 vs.不套期保值(5.58 vs. 4.85)	1	5.213	0.023

上述实验结果表明,投资者对公司利用衍生工具进行套期保值的评价,取决于公司所选择的被套期项目风险信息的披露方式。根据信息加工理论,不同的信息披露方式会影响投资者对信息加工策略的选择。在公司披露被套期项目风险的定性信息时,由于没有给投资者提供充分的信息以理解衍生工具的风险对公司的实际影响,投资者便会采用更简单的信息加工策略。即,投资者会认为公司披露的风险越多,公司实际面临的风险就越大。因此,投资者会认为进行套期保值的公司比没有进行套期保值的公司的投资风险更高,投资吸引力更低。相反,在公司披露被套期项目风险的定量信息时,由于公司提供了充分的信息以帮助投资者理解衍生工具的风险对公司的实际影响,投资者便会采取更全面的信息加工策略,投资者能够意识到公司利用衍生工具进行套期保值可以降低公司面临的风险。因此,投资者会认为对进行套期保值的公司比没有进行套期保值的公司的投资风险更低,该类公司的投资吸引力更高①。

第三节 套期保值比例和被套期项目的风险披露方式对投资判断的影响

公司利用衍生工具进行套期保值的比例不同,会影响公司所披露的衍生工具风险的大小。公司的套期保值比例越大,公司所披露的衍生工具的风险也会越高。然而,公司的套期保值比例越大,也代表着公司所规避的风险越高,因此公司在套期保值之后所面临的实际风险应该越低。鉴于套期保值的复杂性,上述看似矛盾的信息会影响投资者对拥有不同套期保值比例的公司的投资判断。此外,根据本研究第三章的理论分析,公司的被套期项目的风险披露方式会影响投资者对衍

---

① 本研究也采用了回归分析方法检验了假设1和假设2,回归分析的结果与方差分析的结果没有显著差异,均支持假设1和假设2。

生工具风险的理解,进而影响投资者的投资判断。因此,有必要检验套期保值比例、被套期项目的风险披露方式如何影响投资者对公司的投资判断。本节内容主要涉及假设 3、假设 4、假设 5 和假设 6,分别检验了公司利用衍生工具进行套期保值的比例和被套期项目的风险披露方式,对投资者的投资风险评价和投资吸引力判断的影响。

一、套期保值比例对投资判断的影响

(一) 套期保值比例对投资风险评价的影响

假设 3 预期,在公司披露了燃油价格波动风险定性信息的情况下,与公司对一小部分预期购买的燃油进行套期保值相比,在公司对一大部分预期购买的燃油进行套期保值时,投资者评价的投资风险更高。假设 4 预期在公司披露了燃油价格波动风险定量信息的情况下,与公司对一小部分预期购买的燃油进行套期保值相比,在公司对一大部分预期购买的燃油进行套期保值时,投资者评价的投资风险更低。图 5-3 显示了套期保值比例和被套期项目的风险披露方式对投资风险评价的影响。

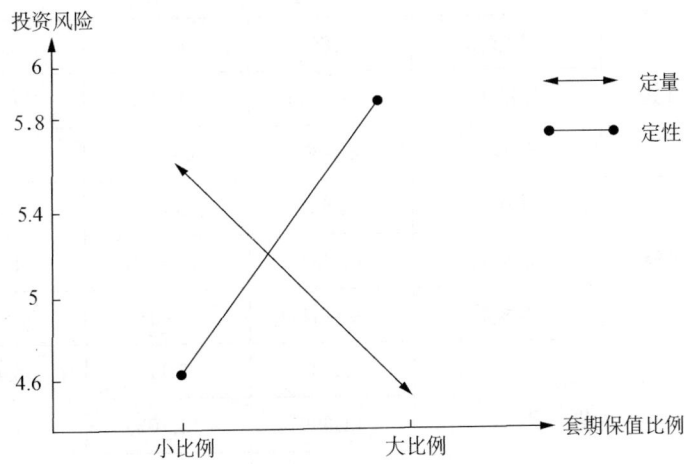

图 5-3　套期保值比例和被套期项目的风险披露方式对投资风险评价的影响

如图 5-3 所示,在公司披露的是燃油价格波动风险的定性信息时,与套期保值比例较小的公司相比,投资者对套期保值比例较大的公司的投资风险评价更高;相反,在公司披露的是燃油价格波动风险的定量信息时,与套期保值比例较小的公司相比,投资者对套期保值比例较大的公司的投资风险评价更低。

为了检验假设 3 和假设 4,我们以投资风险作为因变量进行了方差分析,根据表 5-28 可以发现,在公司披露燃油价格波动风险定性信息的情况下,在公司对一大部分预期购买的燃油进行套期保值时,实验参与者对公司的投资风险的评价的均值是 5.89;在公司对一小部分预期购买的燃油进行套期保值时,实验参与者对公司的投资风险的评价的均值是 4.61。在公司披露燃油价格波动风险定量信息的情况下,在公司对一大部分预期购买的燃油进行套期保值时,实验参与者对公司的投资风险的评价的均值是 4.56;当公司对一小部分预期购买的燃油进行套期保值时,实验参与者对公司的投资风险的评价的均值是 5.63。

表 5-28　投资风险的描述性统计

被套期项目的风险披露方式		套期保值比例		
		大比例	小比例	均值
定性披露	均值	5.89	4.61	5.24
	标准差	(1.659)	(1.678)	(1.777)
	样本量	$n=35$	$n=36$	$n=71$
定量披露	均值	4.56	5.63	5.10
	标准差	(1.481)	(1.592)	(1.619)
	样本量	$n=34$	$n=35$	$n=69$
均值		5.23	5.11	5.17
		(1.699)	(1.703)	(1.696)
		$n=69$	$n=71$	$n=140$

表 5-29 的方差分析结果表明,套期保值比例和被套期项目的风险披露方式的交互效应是显著的(F 值 $= 18.644, p < 0.001$)。为了进一步验证假设 3 和假设 4,我们进行了简单主效应分析,如表 5-30 所示,结合描述性统计,可以看出在公司披露燃油价格波动风险定性信息的情况下,与公司对一小部分预期购买的燃油进行套期保值相比,在公司对一大部分预期购买的燃油进行套期保值时,实验参与者对公司的投资风险的评价显著提高(F 值 $= 11.182, p = 0.001$);在公司披露燃油价格波动风险定量信息的情况下,与公司对一小部分预期购买的燃油进行套期保值相比,在公司对一大部分预期购买的燃油进行套期保值时,实验参与者评价的风险显著更低(F 值 $= 7.655, p = 0.006$)。

因此,上述结果表明,在公司披露燃油价格波动风险定性信息的情况下,投资者认为套期保值比例越大的公司的风险反而越高。而在公司披露燃油价格波动风险定量信息的情况下,投资者会判断套期保值比例越大的公司的风险会越低,证实了假设 3 和假设 4 的预期。

表 5-29　套期保值比例和被套期项目的风险披露方式对投资风险评价影响的方差分析

差异来源	Type Ⅲ 平方和	自由度	均方值	F 值	p 值
校正模型	49.234[a]	3	16.411	6.365	< 0.001
截距	3 742.045	1	3 742.045	1.451E3	< 0.001
风险披露方式	0.837	1	0.837	0.325	0.570
套期保值比例	0.367	1	0.367	0.142	0.707
套期保值比例 * 风险披露方式	48.070	1	48.070	18.644	< 0.001
误差	350.652	136	2.578		
合计	4 144.000	140			
校正合计	399.886	139			

a. R Squared $= 0.123$ (Adjusted R Squared $= 0.104$)

表 5-30　套期保值比例的简单主效应

项目	自由度	F 值	p 值
在定性披露的情况下： 大比例 vs.小比例(5.89 vs. 4.61)	1	11.182	0.001
在定量披露的情况下： 大比例 vs.小比例(4.56 vs. 5.63)	1	7.655	0.006

（二）套期保值比例对投资吸引力判断的影响

假设 3 预期在公司披露了燃油价格波动风险的定性信息的情况下，与公司对一小部分预期购买的燃油进行套期保值相比，在公司对一大部分预期购买的燃油进行套期保值时，投资者评价的投资吸引力更低。假设 4 预期在公司披露了燃油价格波动风险的定量信息的情况下，与公司对一小部分预期购买的燃油进行套期保值相比，当公司对一大部分预期购买的燃油进行套期保值时，投资者评价的投资吸引力更高。图 5-4 显示了套期保值比例和被套期项目的风险披露方式对投资吸引力判断的影响。

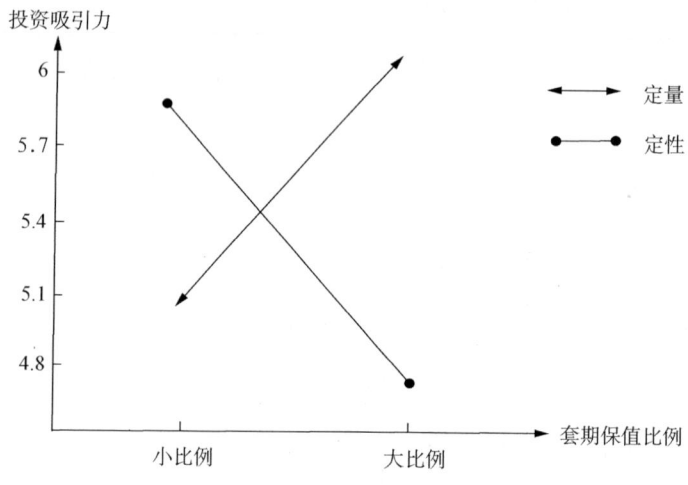

图 5-4　套期保值比例和被套期项目的风险披露方式对投资吸引力判断的影响

如图 5-4 所示,在公司披露的是燃油价格波动风险的定性信息时,与套期保值比例较小时相比,在公司的套期保值比例较大时,投资者的投资吸引力评价更低。相反,在公司披露的是燃油价格波动风险的定量信息时,与套期保值比例较小时相比,在公司的套期保值比例较大时,投资者的投资吸引力评价更高。

为了检验假设 3 和假设 4,我们以投资吸引力作为因变量进行了方差分析,根据表 5-31 的描述统计可以发现,在公司披露燃油价格波动风险定性信息的情况下,在公司对一大部分预期购买的燃油进行套期保值时,实验参与者对公司的投资吸引力判断的均值是 4.74;在公司对一小部分预期购买的燃油进行套期保值时,实验参与者对公司的投资吸引力判断的均值是 5.86。在公司披露燃油价格波动风险定量信息的情况下,在公司对一大部分预期购买的燃油进行套期保值时,实验参与者对公司的投资吸引力判断的均值是 6.12,在公司对一小部分预期购买的燃油进行套期保值时,实验参与者对公司的投资吸引力判断的均值是 5.06。

表 5-32 的方差分析结果表明,套期保值比例和被套期项目的风险披露方式的交互效应是显著的(F 值 $=18.923$,$p<0.001$)。为了进一步验证假设 3 和假设 4,我们进行了简单主效应分析,如表 5-33 所示,结合描述性统计,我们可以看出在公司披露燃油价格波动风险定性信息的情况下,与公司对一小部分预期购买的燃油进行套期保值相比,在公司对一大部分预期购买的燃油进行套期保值时,实验参与者对公司的投资吸引力的判断显著降低(F 值 $=10.114$,$p=0.002$);在公司披露燃油价格波动风险定量信息的情况下,与公司对一小部分预期购买的燃油进行套期保值相比,在公司对一大部分预期购买的燃油进行套期保值时,实验参与者对公司投资吸引力的判断显著更高(F 值 $=8.840$,$p=0.003$)。

因此,上述结果表明,在公司披露燃油价格波动风险定性信息的情况下,投资者认为套期保值比例越大的公司的投资吸引力反而越低,而在公司披露燃油价格波动风险定量信息的情况下,投资者会判断套期保值比例越大的公司的投资吸引力会越高,支持了假设 3 和假设 4。

表 5-31　投资吸引力的描述性统计

被套期项目的风险披露方式		套期保值比例		
		大比例	小比例	均值
定性披露	均值	4.74	5.86	5.31
	标准差	(1.400)	(1.334)	(1.470)
	样本量	$n=35$	$n=36$	$n=71$
定量披露	均值	6.12	5.06	5.58
	标准差	(1.343)	(1.798)	(1.666)
	样本量	$n=34$	$n=35$	$n=69$
均值		5.42	5.46	5.44
		(1.528)	(1.620)	(1.570)
		$n=69$	$n=71$	$n=140$

表 5-32　套期保值比例和被套期项目的风险披露方式对
投资吸引力评价影响的方差分析

差异来源	Type Ⅲ 平方和	自由度	均方值	F 值	p 值
校正模型	44.136[a]	3	14.712	6.705	<0.001
截距	4 148.556	1	4 148.556	1.891E3	<0.001
风险披露方式	2.850	1	2.850	1.299	0.256
套期保值比例	0.029	1	0.029	0.013	0.908
套期保值比例 * 风险披露方式	41.519	1	41.519	18.923	<0.001
误差	298.406	136	2.194		
合计	4 490.000	140			
校正合计	342.543	139			

a. R Squared$=0.129$ (Adjusted R Squared$=0.110$)

表 5-33　套期保值比例的简单主效应

项目	自由度	F 值	p 值
在定性披露的情况下： 大比例 vs. 小比例（4.74 vs. 5.86）	1	10.114	0.002
在定量披露的情况下： 大比例 vs. 小比例（6.12 vs. 5.06）	1	8.840	0.003

　　上述结果表明,投资者对拥有不同套期保值比例的公司的投资判断取决于公司所选择的被套期项目风险信息的披露方式。在公司披露被套期项目风险的定性信息时,投资者会认为公司的套期保值比例越大,公司的投资风险越高,投资吸引力越高;在公司披露被套期项目风险的定量信息时,投资者会认为公司的套期保值比例越大,公司的投资风险越低,投资吸引力越高。

二、被套期项目的风险披露方式对投资判断的影响

　　衍生工具的套期保值比例,即保值力度,指进行套期保值的现货资产(或预期消耗的原材料)的数量占总的现货资产(或预期消耗的原材料)的数量比例。在控制了其他因素的情况下,拥有相同套期保值比例的公司在套期保值后所面临的风险没有差异,投资者对公司的风险评价也应该没有显著差异。然而,公司所选择的风险信息披露方式会影响投资者的信息加工策略,进而影响投资者的风险评价和投资决策。在公司选择不同的方式披露被套期项目的风险时,可能会使投资者对具有相同风险的公司作出不同的投资判断。

（一）被套期项目的风险披露方式对投资风险评价的影响

　　假设 5 预期在公司对一大部分预期购买的燃油进行套期保值的情况下,与公司披露燃油价格波动风险的定性信息相比,在公司披露燃油价格波动风险的定量信息时,投资者评价的投资风险更低。假设 6 预期在公司对一小部分预期购买的燃油进行套期保值的情况下,与公

司披露燃油价格波动风险的定性信息相比,在公司披露燃油价格波动风险的定量信息时,投资者评价的投资风险更高。为了检验这两个假设,我们进行了简单主效应分析,如表5-34所示,在公司对一大部分预期购买的燃油进行套期保值的情况下,当公司仅披露燃油价格波动风险的定性信息时,实验参与者对公司的投资风险评价的均值为5.89;当公司披露燃油价格波动风险的定量信息时,实验参与者对公司的投资风险评价的均值为4.56。在公司对一小部分预期购买的燃油进行套期保值的情况下,当公司仅披露燃油价格波动风险的定性信息时,实验参与者对公司的投资风险评价的均值为4.61;当公司披露燃油价格波动风险的定量信息时,实验参与者对公司的投资风险评价的均值为5.63。

表5-34　被套期项目的风险披露方式的简单主效应

项目	自由度	F 值	p 值
在大比例套期保值的情况下: 定性披露 vs. 定量披露(5.89 vs. 4.56)	1	11.777	0.001
在小比例套期保值的情况下: 定性披露 vs. 定量披露(4.61 vs. 5.63)	1	7.125	0.009

因变量:投资风险

表5-34的简单主效应结果表明,在公司对一大部分预期购买的燃油进行套期保值的情况下,与公司披露燃油价格波动风险的定性信息相比,在公司披露燃油价格波动风险的定量信息时,投资者评价的投资风险显著更低(F 值＝11.777,p＝0.001)。在公司对一小部分预期购买的燃油进行套期保值的情况下,与公司披露燃油价格波动风险的定性信息相比,在公司披露燃油价格波动风险的定量信息时,投资者评价的投资风险显著更高(F 值＝7.125,p＝0.009)。因此,上述结果支持了假设5和假设6。

(二) 被套期项目的风险披露方式对投资吸引力判断的影响

假设5预期在公司对一大部分预期购买的燃油进行套期保值

的情况下,与公司披露燃油价格波动风险的定性信息相比,当公司披露燃油价格波动风险的定量信息时,投资者评价的投资吸引力更高。假设6预期在公司对一小部分预期购买的燃油进行套期保值的情况下,与公司披露燃油价格波动风险的定性信息相比,当公司披露燃油价格波动风险的定量信息时,投资者评价的投资吸引力更低。

为了检验这两个假设,我们进行了简单主效应分析。如表5-35所示,在公司对一大部分预期购买的燃油进行套期保值的情况下,在公司仅披露燃油价格波动风险的定性信息时,实验参与者对公司投资吸引力判断的均值为4.74;当公司披露燃油价格波动风险的定量信息时,实验参与者对公司投资吸引力判断的均值为6.12。在公司对一小部分预期购买的燃油进行套期保值的情况下,当公司仅披露燃油价格波动风险的定性信息时,实验参与者对公司投资吸引力判断的均值为5.86;当公司披露燃油价格波动风险的定量信息时,实验参与者对公司投资吸引力判断的均值为5.06。

表5-35　被套期项目的风险披露方式的简单主效应

项目	自由度	F 值	p 值
大比例套期保值情况下: 定性披露 vs.定量披露(4.74 vs. 6.12)	1	14.856	<0.001
小比例套期保值情况下: 定性披露 vs.定量披露(5.86 vs. 5.06)	1	5.228	0.024

因变量:投资吸引力

表5-35的简单主效应结果表明,在公司对一大部分预期购买的燃油进行套期保值的情况下,与公司披露燃油价格波动风险的定性信息相比,在公司披露燃油价格波动风险的定量信息时,投资者的投资吸引力判断显著提高(F 值$=14.856$,$p<0.001$);在公司对一小部分预期购买的燃油进行套期保值的情况下,与公司披露燃油价格波动风险的

定性信息相比,在公司披露燃油价格波动风险的定量信息时,投资者的投资吸引力判断显著更低(F 值 $=5.228$, $p=0.024$)。因此,上述结果支持了假设 5 和假设 6[①]。

上述结果表明,不同的被套期项目的风险披露方式会使投资者对拥有相同风险的公司作出不同的投资判断,并且这种影响取决于套期保值的比例。具体来说,在公司对一大部分预期购买的燃油进行套期保值时,与披露被套期项目风险的定量信息的公司相比,投资者认为披露被套期项目风险的定性信息的公司的投资风险更高,投资吸引力更低。相反,当公司对一小部分预期购买的燃油进行套期保值时,与披露被套期项目风险的定量信息的公司相比,投资者判断对披露被套期项目风险的定性信息的公司投资的风险更低,投资吸引力更高。

第四节　中介作用分析

个体的决策判断过程中,会有一些中间变量对自变量和因变量之间的关系产生中介作用,而这类中间变量被称为中介变量(温忠麟等,2005)。因此,为了深入了解和分析投资者的判断和决策过程,需要考虑可能对投资者判断和决策产生影响的一些中介变量。本研究借鉴实验研究的优势,考查套期保值比例和被套期项目的风险披露方式如何影响投资者决策判断的过程。

中介效应可以分为完全中介与部分中介。根据 Baron 和 Kenny(1986)对中介效应的定义,如果中介效应存在,需要满足以下三个条件:①自变量对因变量的影响是显著的;②自变量对中介变量的影响是显著的;③在把自变量和中介变量都作为自变量放入一个回归模型

---

① 本研究也采用了回归分析方法检验了假设 3、假设 4、假设 5、假设 6,回归分析的结果与方差分析的结果没有显著差异,均支持假设。

中时,如果自变量对因变量的影响不再显著,或自变量对因变量的影响虽然依然显著但回归系数降低,则说明发生了完全中介或部分中介。图5-5介绍了中介效应的过程。

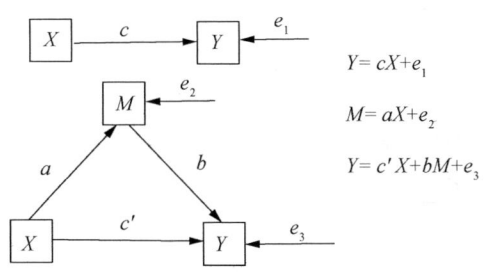

$$Y = cX + e_1$$

$$M = aX + e_2$$

$$Y = c'X + bM + e_3$$

图5-5 中介效应示意图

资料来源:温忠麟,候杰泰,张雷.调节效应与中介效用的比较和应用[J].心理学报,2005,(2):268-274.

如图5-5所示,X为自变量,Y为因变量,M是中介变量。利用Baron和Kenny(1986)的三步回归方法。首先,检验自变量对因变量的影响,即X对Y的影响是否显著。主要观察回归系数c,如果系数c显著,则可以继续进行后续的中介分析。如果系数c不显著,则终止中介分析。其次,检验自变量X是否显著影响中介变量M,如果回归系数a显著,则可以继续进行随后的中介分析,否则终止进行中介效用分析。最后,在将中介变量M和自变量X都加入模型中进行回归分析,如果回归系数b显著,则说明存在中介效应;如果回归系数c'不显著,说明存在完全中介效应(Judd和Kenny,1981);如果回归系数c'依然显著,但系数降低了,则说明存在部分中介(Baron和Kenny,1986)。

本研究的假设7预期个体投资者对风险可控性的评价中介了套期保值比例、被套期项目的风险披露方式对投资者判断的净利润波动程度的影响;个体投资者对净利润波动程度的评价中介了风险可控性对投资者判断的投资风险的影响;个体投资者对投资风险的评价中介了净利润波动程度对投资者判断的投资吸引力的影响。图5-6具体列示了假设7预期的自变量、中介变量和因变量之间的关系,本研究将按照Baron和Kenny(1986)的中介效应分析过程,分两个部分分别对这些中介变量进行中介效应统计分析。

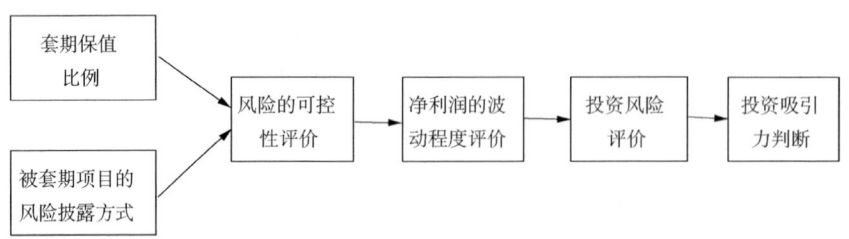

图 5-6 自变量、中介变量和因变量之间的关系

一、套期保值比例与投资者的投资吸引力判断关系中的中介效应

(一) 风险可控性的中介作用分析

我们预期,投资者对风险可控性的感知中介了套期保值比例对投资者评价的净利润波动程度的影响。当公司披露被套期项目风险的定性信息时,公司的套期保值比例越高,投资者感知到的风险的可控性就越低;在公司披露被套期项目风险的定量信息时,公司的套期保值比例越高,投资者感知到的风险的可控性就越高。因此,我们分别在定性信息披露和定量信息披露两个水平上检验了风险可控性的中介作用。我们首先询问了实验参与者:"您认为,在多大程度上 ABC 公司管理层能够控制公司所面临的燃油价格波动风险?"要求实验参与者在量表上打分,0 代表不能控制,10 代表完全能控制。接下来为了进行回归分析,我们将套期保值比例定义为哑变量,将大比例套期保值赋值为 1,将小比例套期保值赋值为 0。

在公司披露被套期项目风险的定性信息的情况下,如图5-7所示:首先,自变量套期保值比例显著影响净利润的波动程度($c = 0.963$,

$p=0.024$);其次,自变量套期保值比例也显著影响中介变量风险的可控性($a=-0.783$,$p=0.053$),当将中介变量放入回归方程后,中介变量和因变量之间关系也显著为负($b=-0.500$,$p<0.001$),但是自变量套期保值比例对因变量影响的回归系数不显著($c'=0.572$,$p=0.138$)。因此,在公司披露被套期项目风险的定性信息的情况下,投资者感知到的风险的可控性完全中介了套期保值比例对投资者判断的净利润的波动程度的影响。

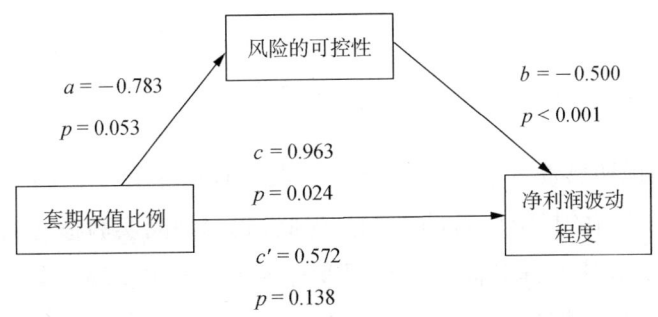

图5-7　定性披露下风险的可控性的中介效应检验结果

在公司披露被套期项目风险的定量信息的情况下,如图5-8所示:首先,自变量套期保值比例显著影响净利润的波动程度($c=-1.243$,$p=0.004$);其次,自变量套期保值比例也显著影响中介变量风险的可控性($a=0.964$,$p=0.048$),在将中介变量放入回归方程后,中介变量和因变量之间关系也显著为负($b=-0.353$,$p<0.001$),自变量套期保值比例对因变量影响的回归系数虽然依旧显著,但自变量和因变量之间的显著负向关系有一定程度的降低($c'=-0.902$,$p=0.023$)。

因此,在公司披露被套期项目风险的定量信息的情况下,投资者感知到的风险的可控性部分中介了套期保值比例对投资者判断的净利润的波动程度的影响。上述结果支持了假设7,即套期保值比例会影响投资者感知到的风险的可控性,进而影响投资决策。

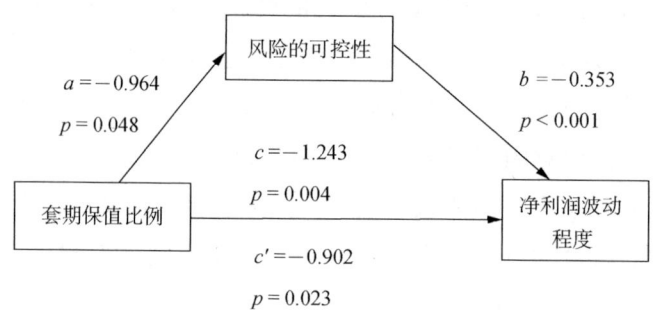

图 5-8　定量披露下风险的可控性的中介效应检验结果

(二) 净利润波动程度的中介作用分析

我们预期投资者评价的净利润的波动程度中介了风险的可控性对投资者判断的投资风险的影响。为此,我们询问实验参与者:"您认为,ABC 公司未来净利润的波动程度有多大?"要求实验参与者在量表中打分,0 代表波动很小,10 代表波动很大。

在公司披露被套期项目风险的定性信息的情况下,如图 5-9 所示:首先,自变量风险的可控性显著影响因变量投资风险($c = -0.425$, $p < 0.001$);其次,自变量风险的可控性也显著影响中介变量净利润的波动程度($a = -0.539$, $p < 0.001$),在将中介变量放入回归方程后,中介变量和因变量之间关系也显著为正($b = 0.494$, $p < 0.001$),但是自变量风险的可控性对因变量影响的回归系数不显著了($c' = -0.159$, $p = 0.180$)。因此,在公司披露被套期项目风险的定性信息的情况下,投资者判断的净利润的波动程度完全中介了风险的可控性对投资者判断的投资风险的影响。

在公司披露被套期项目风险的定量信息的情况下,如图 5-10 所示:首先,自变量风险的可控性显著影响因变量投资风险($c = -0.330$, $p < 0.001$);其次,自变量风险的可控性也显著影响中介变量净利润的波动程度($a = -0.407$, $p < 0.001$),在将中介变量放入回归方程后,中

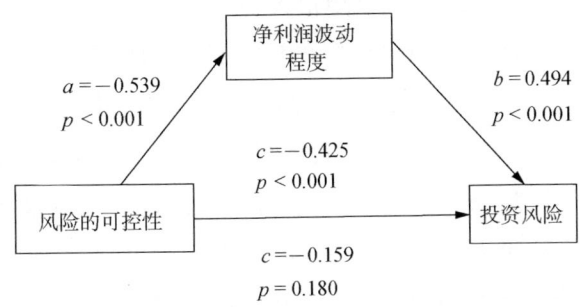

图 5-9　定性披露下净利润波动程度的中介效应检验结果

介变量和因变量之间关系也显著为正($b=0.390$，$p<0.001$)，自变量风险的可控性对因变量影响的回归系数虽然依然显著，但自变量和因变量之间的显著负向关系有一定程度的降低($c'=-0.172$，$p=0.063$)。因此，在公司披露被套期项目风险的定量信息的情况下，投资者判断的净利润的波动程度部分中介了风险的可控性对投资者判断的投资风险的影响。

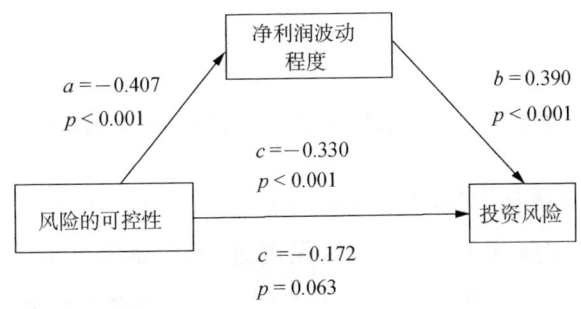

图 5-10　定量披露下净利润波动程度的中介效应检验结果

(三) 投资风险的中介作用分析

我们预期投资者评价的投资风险中介了净利润的波动程度对投资者判断的投资吸引力的影响。我们询问实验参与者："从整体来看，您认为投资 ABC 公司的风险有多大?"并要求实验参与者在量表中打分,0 代表风险很小,10 代表风险很大。

在公司披露被套期项目风险的定性信息的情况下,如图 5-11 所示:首先,自变量净利润的波动程度显著影响因变量投资吸引力($c=-0.248$,$p=0.009$);其次,自变量净利润的波动程度也显著影响中介变量投资风险($a=0.569$,$p<0.001$),在将中介变量放入回归方程后,中介变量和因变量之间关系也显著为负($b=-0.408$,$p<0.001$),但是自变量净利润的波动程度对因变量影响的回归系数不显著了($c'=-0.015$,$p=0.883$)。因此,在公司披露被套期项目风险的定性信息的情况下,投资者判断的投资风险完全中介了净利润的波动程度对投资者判断的投资吸引力的影响。

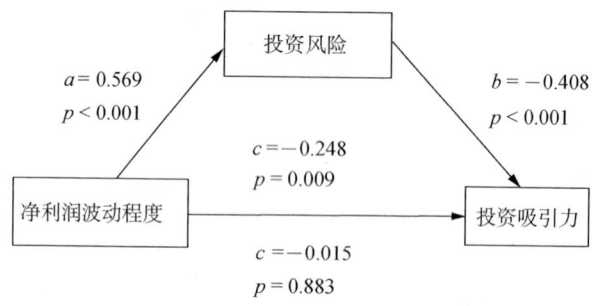

图 5-11 定性披露下投资风险的中介效应检验结果

在公司披露被套期项目风险的定量信息的情况下,如图 5-12 所示:首先,自变量净利润的波动程度显著影响因变量投资吸引力($c=-0.195$,$p=0.082$);其次,自变量净利润的波动程度也显著影响中介变量投资风险($a=0.478$,$p<0.001$),在将中介变量放入回归方程后,中介变量和因变量之间关系也显著为负($b=-0.348$,$p=0.015$),但是自变量净利润的波动程度对因变量影响的回归系数不显著了($c'=-0.028$,$p=0.822$)。因此,在公司披露被套期项目风险的定量信息的情况下,投资者判断的投资风险完全中介了净利润的波动程度对投资者判断的投资吸引力的影响。

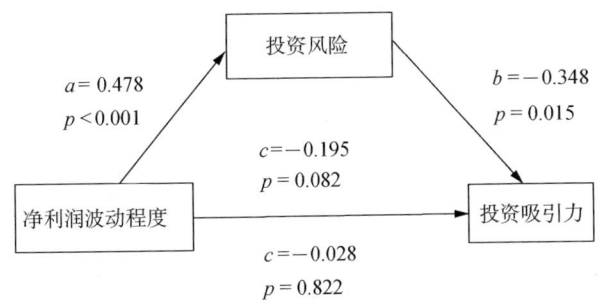

图 5-12 定量披露下投资风险的中介效应检验结果

二、被套期项目的风险披露方式与投资者的投资吸引力判断关系中的中介效应

(一) 风险可控性的中介作用分析

我们预期,投资者对风险可控性的感知中介了被套期项目的风险披露方式对投资者判断的净利润波动程度的影响。在公司对一大部分预期采购的燃油进行套期保值的情况下,与公司披露被套期项目风险的定性信息相比,在公司披露被套期项目风险的量信息时,投资者感知的风险可控性更高;反之,在公司对一小部分预期采购的燃油进行套期保值时,与公司披露被套期项目风险的定性信息相比,在公司披露被套期项目风险的量信息时,投资者感知的风险可控性更低。因此,我们分别在大比例套期保值和小比例套期保值两个水平上检验了风险可控性的中介作用。为了进行回归分析,我们将被套期项目的风险披露方式定义为哑变量,将定量披露赋值为 1,将定性披露赋值为 0。在公司对一大部分预期采购的燃油进行套期保值的情况下,风险可控性的中介效应检验结果如图 5-13 所示。

首先,自变量被套期项目风险的披露方式显著影响因变量净利润的波动程度($c = -1.186$,$p = 0.010$);其次,自变量被套期项目风险的披露方式也显著影响中介变量风险的可控性($a = 0.907$,$p = 0.041$),

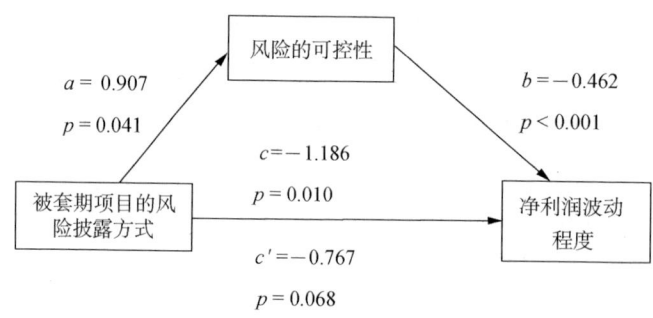

图 5-13 大比例套期保值下风险可控性的中介效应检验结果

在将中介变量放入回归方程后，中介变量和因变量之间关系也显著为负（$b=-0.462$，$p<0.001$），自变量被套期项目风险的披露方式对因变量影响的回归系数虽然依然显著，但自变量和因变量之间的显著负向关系有一定程度的降低（$c'=-0.767$，$p=0.068$）。因此，在公司对一大部分预期采购的燃油进行套期保值的情况下，投资者感知到的风险的可控性部分，中介了被套期项目风险的披露方式对投资者判断的净利润的波动程度的影响。

在公司对一小部分预期采购的燃油进行套期保值的情况下，如图 5-14 所示：首先，自变量被套期项目的风险披露方式显著影响因变量净利润的波动程度（$c=1.021$，$p=0.010$）；其次，自变量被套期项目的风险披露方式也显著影响中介变量风险的可控性（$a=-0.840$，

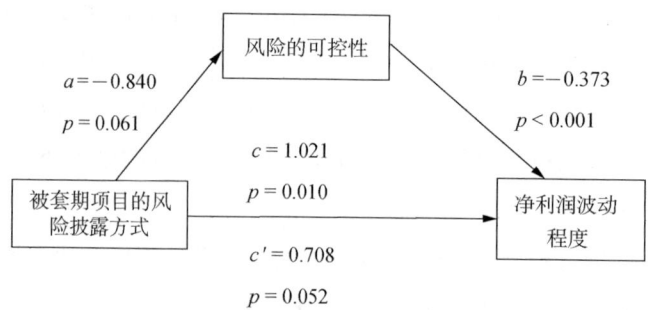

图 5-14 小比例套期保值下风险可控性的中介效应检验结果

$p=0.061$），在将中介变量放入回归方程后，中介变量和因变量之间关系也显著为负（$b=-0.373$，$p<0.001$），自变量被套期项目的风险披露方式对因变量影响的回归系数虽然依旧显著，但自变量和因变量之间的显著正向关系有一定程度的降低（$c'=0.708$，$p=0.052$）。因此，在公司对一小部分预期采购的燃油进行套期保值的情况下，投资者感知到的风险的可控性部分，中介了被套期项目的风险披露方式对投资者判断的净利润的波动程度的影响。

(二) 净利润波动程度的中介作用分析

在公司对一大部分预期采购的燃油进行套期保值的情况下，如图5-15 所示：首先，自变量风险的可控性显著影响因变量投资风险（$c=-0.378$，$p<0.001$）；其次，自变量风险的可控性也显著影响中介变量净利润的波动程度（$a=-0.513$，$p<0.001$），在将中介变量放入回归方程后，中介变量和因变量也显著相关（$b=0.337$，$p=0.002$），自变量风险的可控性对因变量影响的回归系数虽然依然显著，但自变量和因变量之间的显著负向关系有一定程度的降低（$c'=-0.205$，$p=0.066$）。因此，在公司对一大部分预期采购的燃油进行套期保值的情况下，投资者判断的净利润的波动程度部分中介了风险的可控性对投资者判断的投资风险的影响。

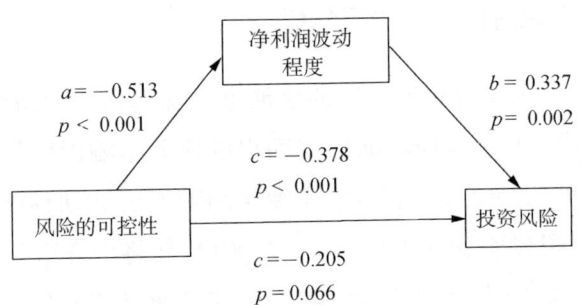

图 5-15 大比例套期保值下净利润波动程度的中介效应检验结果

在公司对一小部分预期采购的燃油进行套期保值的情况下,净利润波动程度的中介效应检验结果如图 5-16 所示。

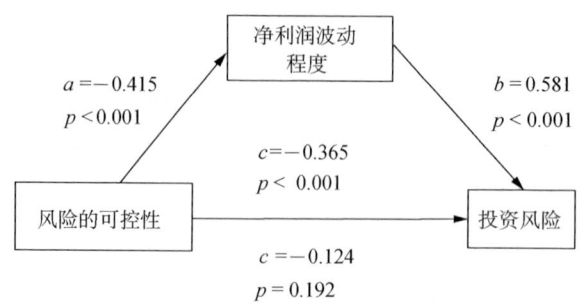

图 5-16　小比例套期保值下净利润波动程度的中介效应检验结果

首先,自变量风险的控制程度显著影响因变量投资风险($c=-0.365$, $p<0.001$);其次,自变量风险的可控性也显著影响中介变量净利润的波动程度($a=-0.415$, $p<0.001$),在将中介变量放入回归方程后,中介变量和因变量也显著相关($b=0.581$, $p<0.001$),但是自变量风险的可控性对因变量影响的回归系数不显著了($c'=-0.124$, $p=0.192$)。因此,在公司对一小部分预期采购的燃油进行套期保值的情况下,投资者判断的净利润的波动程度,完全中介了风险的可控性对投资者判断的投资风险的影响。

(三) 投资风险的中介作用分析

在公司对一大部分预期采购的燃油进行套期保值的情况下,如图 5-17 所示:首先,自变量净利润的波动程度显著影响因变量投资吸引力($c=-0.196$, $p=0.039$);其次,自变量净利润的波动程度也显著影响中介变量投资风险($a=0.434$, $p<0.001$),在将中介变量放入回归方程后,中介变量和因变量之间关系也显著为负($b=-0.405$, $p=0.001$),但是自变量净利润的波动程度对因变量影响的回归系数不显著了($c'=-0.021$, $p=0.835$)。因此,在公司对一大部分预期采购

的燃油进行套期保值的情况下,投资者判断的投资风险完全中介了净利润的波动程度对投资者判断的投资吸引力的影响。

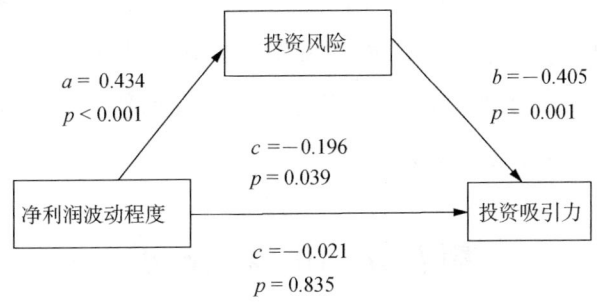

图5-17　大比例套期保值下投资风险的中介效应检验结果

在公司对一小部分预期采购的燃油进行套期保值的情况下,如图5-18所示:首先,自变量净利润的波动程度显著影响因变量投资吸引力($c=-0.259$,$p=0.023$);其次,自变量净利润的波动程度也显著影响中介变量投资风险($a=0.646$,$p<0.001$),在将中介变量放入回归方程后,中介变量和因变量之间关系也显著为负($b=-0.362$,$p=0.011$),但是自变量净利润的波动程度对因变量影响的回归系数不显著了($c'=-0.026$,$p=0.854$)。因此,在公司对一大部分预期采购的燃油进行套期保值的情况下,投资者判断的投资风险完全中介了净利润的波动程度对投资者判断的投资吸引力的影响。

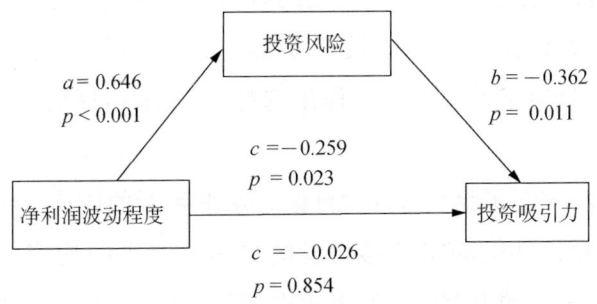

图5-18　小比例套期保值下投资风险的中介效应检验结果

上述中介分析的结果表明,个体投资者对风险可控性的评价部分中介了套期保值比例、被套期项目风险披露方式对投资者判断的净利润波动程度的影响;个体投资者对净利润波动程度的评价部分中介了风险可控性对投资者判断的投资风险的影响;个体投资者对投资风险的评价完全中介了净利润波动程度对投资者判断的投资吸引力的影响,支持了本研究的假设 7。

第五节　附　加　分　析

本节主要是检验可能会影响实验结果的变量,包括投资者在作出投资判断和决策时的自信程度、对管理层胜任能力的评价、投资者自我感知到的风险信息的有用性以及对投资判断的影响程度,检验的目的是排除对实验结果的其他可能解释。

一、实验参与者在判断和决策时的自信程度

个体在进行判断和决策时的自信程度会影响他们所作出的判断和决策。Bloomfield 等(1996)的研究发现,实验参与者的自信心水平会影响他们所作的决策。

为了检验我们对自变量的操控是否会影响各组实验参与者在作决策时的自信程度,进而影响后续的投资决策,我们在实验中询问实验参与者:"在做出上述关于投资吸引力的判断时,您的自信程度如何?"要求实验参与者在量表中作出选择,0 表示不自信,10 表示非常自信。

通过表 5-36 实验参与者的自信心水平判断的描述性统计可以发现,不同实验条件组的实验参与者的自信心水平的均值之间差异较小,并且表 5-37 的方差分析结果表明,各组之间实验参与者的自信程度没有显著差异(F 值$=1.169$,$p=0.326$)。

表 5-36　实验参与者的自信心判断的描述性统计

实验条件组	样本量	均值	最小值	最大值	标准差
定性披露/大比例	35	6.00	3	9	1.372
定性披露/小比例	36	6.67	4	10	1.394
定量披露/大比例	34	6.29	3	9	1.767
定量披露/小比例	35	6.40	2	10	1.594
定性披露(控制组)	32	5.94	3	10	1.795
定量披露(控制组)	34	6.56	3	10	1.599
合计	206	6.32	2	10	1.593

表 5-37　实验参与者的自信心判断的方差分析

项目	平方和	自由度	均方值	F 值	p 值
组间	14.774	5	2.955	1.169	0.326
组内	505.716	200	2.529		
合计	520.490	205			

为了进一步检验实验参与者在作出判断时的自信程度是否会影响他们所作出的投资判断和决策,我们以实验参与者的自信程度作为协变量,加入模型中进行方差分析。首先,我们以实验参与者的自信程度作为协变量,将是否进行套期保值和被套期项目的风险披露方式作为自变量,将投资吸引力判断作为因变量并进行方差分析。

结果如表 5-38 所示,实验参与者的自信程度并没有改变本研究的研究结果,即是否进行套期保值与被套期项目的风险披露方式的交互效应依然是显著的(F 值=9.878,p=0.002)。这一结果表明,实验参与者在作出判断时的自信程度并不会影响本研究的实验结果,实验参与者的投资判断和决策的差异,是由被套期项目的风险披露方式与是否进行套期保值所导致的。

表 5-38　实验参与者的自信程度判断作为协变量的分析

差异来源	Type Ⅲ 平方和	自由度	均方值	F 值	p 值
校正模型	28.971ª	4	7.243	3.170	0.015
截距	266.280	1	266.280	116.534	<0.001
自信程度	6.849	1	6.849	2.997	0.085
风险披露方式	8.752	1	8.752	3.830	0.052
是否进行套期保值	0.067	1	0.067	0.029	0.864
是否进行套期保值 * 风险披露方式	22.571	1	22.571	9.878	0.002
误差	459.286	201	2.285		
合计	6 545.000	206			
校正合计	488.257	205			

a. R Squared＝0.059 (Adjusted R Squared＝0.041)

接下来我们以实验参与者的自信程度作为协变量,以套期保值比例和被套期项目的风险披露方式作为自变量,以投资吸引力判断作为因变量并进行了方差分析。如表 5-39 所示,实验参与者的自信程度并没有改变本研究的研究结果,即套期保值比例与被套期项目的风险披露方式的交互效应依然是显著的(F 值＝17.770,p<0.001)。

表 5-39　实验参与者的自信程度判断作为协变量的分析

差异来源	Type Ⅲ 平方和	自由度	均方值	F 值	p 值
校正模型	48.713ª	4	12.178	5.595	0.000
截距	166.262	1	166.262	76.389	0.000
自信程度	4.577	1	4.577	2.103	0.149
风险披露方式	2.817	1	2.817	1.294	0.257
套期保值比例	0.010	1	0.010	0.005	0.946
套期保值比例 * 风险披露方式	38.677	1	38.677	17.770	<0.001

（续表）

差异来源	Type Ⅲ 平方和	自由度	均方值	F 值	p 值
误差	293.830	135	2.177		
合计	4 490.000	140			
校正合计	342.543	139			

a. R Squared＝0.142（Adjusted R Squared＝0.117）

因此，上述结果表明，实验参与者在作出投资判断和决策时的自信程度，并没有显著影响本研究的研究结果，排除了实验参与者的自信程度对实验结果的解释。

二、实验参与者对管理层胜任能力的评价

研究表明，管理层的胜任能力会影响投资者感知到的信任程度和信息来源的可靠性（Gilbert 等，1998），进而影响投资者的投资判断（Koonce 等，2011）。因此，为了检验本研究所操控的自变量是否影响投资者感知到的管理层的胜任能力，进而影响投资者的投资判断，我们询问实验参与者："您认为 ABC 公司管理层的胜任能力如何？"要求实验参与者在量表中作出选择，0 表示不能胜任，10 表示非常胜任。

通过表 5-40 管理层胜任能力评价的描述性统计可以发现，不同实验条件组的实验参与者所评价的管理层的胜任能力的均值之间差异较小，各组实验参与者对管理层胜任能力评价的均值为 5.71。并且表 5-41 实验参与者对管理层胜任能力评价的方差分析结果表明，各组之间实验参与者所评价的管理层的胜任能力并不存在显著差异（F 值＝0.616，p＝0.688）。

表 5-40　实验参与者对管理层胜任能力评价的描述性统计

实验条件组	样本量	均值	最小值	最大值	标准差
定性披露/大比例	35	5.60	3	8	1.288

（续表）

实验条件组	样本量	均值	最小值	最大值	标准差
定性披露/小比例	36	5.69	3	8	1.142
定量披露/大比例	34	6.03	1	8	1.487
定量披露/小比例	35	5.74	3	10	1.686
定性披露（控制组）	32	5.78	3	9	1.497
定量披露（控制组）	34	5.44	2	8	1.599
合计	206	5.71	1	10	1.452

表 5-41　实验参与者对管理层胜任能力评价的方差分析

项目	平方和	自由度	均方值	F 值	p 值
组间	6.556	5	1.311	0.616	0.688
组内	425.546	200	2.128		
合计	432.102	205			

为了进一步检验实验参与者所评价的管理层的胜任能力是否会影响投资决策，我们将实验参与者评价的管理层的胜任能力作为协变量，加入模型中进行方差分析。首先，我们将管理层的胜任能力作为协变量，将是否进行套期保值和被套期项目的风险披露方式作为自变量，将投资吸引力判断作为因变量并进行方差分析。

结果如表 5-42 所示，管理层的胜任能力并没有改变本研究的研究结果，是否进行套期保值与被套期项目的风险披露方式的交互效应依然是显著的（F 值＝7.154，p＝0.008）。

表 5-42　实验参与者评价的管理层的胜任能力作为协变量的分析

差异来源	Type Ⅲ 平方和	自由度	均方值	F 值	p 值
校正模型	77.039[a]	4	19.260	9.414	＜0.001

（续表）

差异来源	Type Ⅲ 平方和	自由度	均方值	F 值	p 值
截距	140.472	1	140.472	68.661	<0.001
管理层的胜任能力	54.916	1	54.916	26.842	<0.001
风险披露方式	6.771	1	6.771	3.310	0.070
是否进行套期保值	0.002	1	0.002	0.001	0.978
是否进行套期保值 * 风险披露方式	14.635	1	14.635	7.154	0.008
误差	411.219	201	2.046		
合计	6 545.000	206			
校正合计	488.257	205			

a. R Squared0＝0.158（Adjusted R Squared＝0.141）

接下来，我们以管理层的胜任能力作为协变量，将套期保值比例和被套期项目的风险披露方式作为自变量，将投资吸引力判断作为因变量并进行方差分析。结果如表5-43所示，实验参与者的管理层的胜任能力评价并没有改变本研究的研究结果，即套期保值比例和被套期项目的风险披露方式的交互效应依然是显著的（F 值＝19.369，$p<0.001$）。

表5-43 实验参与者评价的管理层的胜任能力作为协变量的分析

差异来源	Type Ⅲ 平方和	自由度	均方值	F 值	p 值
校正模型	97.375[a]	4	24.344	13.405	<0.001
截距	64.563	1	64.563	35.551	<0.001
管理层的胜任能力	53.238	1	53.238	29.315	<0.001
风险披露方式	1.121	1	1.121	0.617	0.433

（续表）

差异来源	Type Ⅲ 平方和	自由度	均方值	F 值	p 值
套期保值比例	0.178	1	0.178	0.098	0.755
套期保值比例 * 风险披露方式	35.176	1	35.176	19.369	<0.001
误差	245.168	135	1.816		
合计	4 490.000	140			
校正合计	342.543	139			

a. R Squared=0.284（Adjusted R Squared=0.263）

因此,上述结果表明,实验参与者所评价的管理层的胜任能力并没有显著影响本研究的研究结果,排除了实验参与者感知到的管理层的胜任能力对实验结果的解释。

三、实验参与者自评的风险信息的影响程度

为了检验实验参与者是否意识到不同的风险信息会影响他们的判断和决策,我们询问了实验参与者两个问题,第一个问题是:"您认为,ABC 公司披露的风险信息在多大程度上有助于您对公司的风险进行评价?"要求实验参与者在量表中作出选择,0 表示没有帮助,10 表示帮助很大;第二个问题是:"您认为 ABC 公司披露的风险信息对您的投资决策有多大影响?"要求实验参与者在量表中作出选择,0 表示没有影响,10 表示影响很大。

（一）实验参与者自评的风险信息的有用性

为了检验实验参与者所感知到的风险信息的有用性是否影响他们的投资决策,我们将实验参与者评价的风险信息的有用性作为协变量,加入模型中并进行方差分析。

首先,我们将风险信息的有用性作为协变量,将是否进行套期保值和被套期项目的风险披露方式作为自变量,将投资吸引力作为因变量进行了方差分析。结果如表 5-44 所示,风险信息的有用性并没有改变本研究的研究结果,是否进行套期保值与被套期项目的风险披露方式的交互效应依然是显著的(F 值 $=9.641$,$p=0.002$)。

表 5-44　以实验参与者评价的风险信息有用性作为协变量的分析

差异来源	Type Ⅲ 平方和	自由度	均方值	F 值	p 值
校正模型	42.030[a]	4	10.508	4.733	0.001
截距	339.219	1	339.219	152.799	<0.001
风险信息有用性	19.908	1	19.908	8.967	0.003
风险披露方式	12.595	1	12.595	5.673	0.018
是否进行套期保值	0.124	1	0.124	0.056	0.814
是否进行套期保值 * 风险披露方式	21.404	1	21.404	9.641	0.002
误差	446.227	201	2.220		
合计	6 545.000	206			
校正合计	488.257	205			

a. R Squared $=0.086$ (Adjusted R Squared$=0.068$)

接下来,我们将风险信息的有用性作为协变量,将被套期项目的风险披露方式和套期保值比例作为自变量,将投资吸引力作为因变量进行了方差分析,结果如表 5-45 所示。风险信息的有用性评价并没有改变本研究的研究结果,即套期保值比例与被套期项目的风险披露方式的交互效应依然是显著的(F 值 $=15.371$,$p<0.001$)。因此,上述结果表明,实验参与者感知到的风险信息的有用性并没有显著影响本研究的研究结果。

表 5-45　以实验参与者评价的风险信息有用性作为协变量的分析

差异来源	Type Ⅲ 平方和	自由度	均方值	F 值	p 值
校正模型	56.826^a	4	14.206	6.712	＜0.001
截距	210.225	1	210.225	99.330	＜0.001
风险信息有用性	12.689	1	12.689	5.996	0.016
风险披露方式	0.945	1	0.945	0.447	0.505
套期保值比例	0.024	1	0.024	0.011	0.916
套期保值比例 * 风险披露方式	32.532	1	32.532	15.371	＜0.001
误差	285.717	135	2.116		
合计	4 490.000	140			
校正合计	342.543	139			

a. R Squared＝0.166（Adjusted R Squared＝0.141）

（二）实验参与者自评的风险信息对投资决策的影响程度

为了检验实验参与者所感知到的风险信息对投资决策的影响程度，是否会影响他们最终作出的投资决策，我们将实验参与者评价的风险信息的影响程度作为协变量，加入模型中并进行方差分析。首先，我们将风险信息的影响程度作为协变量，将被套期项目的风险披露方式和是否进行套期保值作为自变量，将投资吸引力作为因变量并进行方差分析。

结果如表 5-46 所示，实验参与者评价的风险信息的影响程度并没有改变本研究的研究结果，是否进行套期保值与被套期项目的风险披露方式的交互效应依然是显著的（F 值＝9.844，p＝0.002）。

接下来，我们以风险信息的影响程度作为协变量，将被套期项目的风险披露方式和套期保值比例作为自变量，将投资吸引力作为因变量并进行方差分析。结果如表 5-47 所示,实验参与者对风险信息的影响程度的评价并没有改变本研究的研究结果,即套期保值比例与被套期项目的风险披露方式的交互效应依然是显著的(F 值＝16.325,$p<0.001$)。因此,上述结果表明,投资者自评的风险信息的有用性和影响程度并没有显著影响本研究的实验结果。这说明投资者并没有意识到不同形式的风险信息会影响他们的投资判断和决策。

表 5-46　以实验参与者评价的风险信息的影响程度作为协变量的分析

差异来源	Type Ⅲ 平方和	自由度	均方值	F 值	p 值
校正模型	25.566[a]	4	6.391	2.777	0.028
截距	404.298	1	404.298	175.633	<0.001
风险信息的影响程度	3.443	1	3.443	1.496	0.223
风险披露方式	9.647	1	9.647	4.191	0.042
是否进行套期保值	0.004	1	0.004	0.002	0.968
是否进行套期保值 * 风险披露方式	22.661	1	22.661	9.844	0.002
误差	462.692	201	2.302		
合计	6 545.000	206			
校正合计	488.257	205			

a. R Squared＝0.052 (Adjusted R Squared＝0.034)

表 5-47　以实验参与者评价的风险信息的影响程度作为协变量的分析

差异来源	Type Ⅲ 平方和	自由度	均方值	F 值	p 值
校正模型	47.431[a]	4	11.858	5.424	<0.001
截距	229.132	1	229.132	104.817	<0.001
风险信息的影响程度	3.295	1	3.295	1.507	0.222
风险披露方式	2.112	1	2.112	0.966	0.327

（续表）

差异来源	Type III 平方和	自由度	均方值	F 值	p 值
套期保值比例	0.001	1	0.001	<0.001	0.987
套期保值比例 * 风险披露方式	35.687	1	35.687	16.325	<0.001
误差	295.111	135	2.186		
合计	4 490.000	140			
校正合计	342.543	139			

a. R Squared=0.138（Adjusted R Squared=0.113）

综上所述，附加分析的结果表明，投资者在作出投资判断和决策时的自信程度、对管理层胜任能力的评价、投资者自我感知到的风险信息的有用性以及信息对决策的影响程度没有影响本研究的实验结果。这排除了对实验结果的一些可能的解释，进一步验证了本研究的实验结果是由所操控的自变量的差异导致的。

第六章　研究结论、实践启示与局限性

本研究运用心理学理论和实验研究方法,研究了是否进行套期保值、套期保值比例和被套期项目的风险披露方式对投资者的投资判断的影响,本章将对全文研究作出总结。本章内容包括两个方面:第一节总结了本研究的主要结论,并在此基础上阐述了本研究的实践启示和政策建议;第二节讨论了本研究的局限性,并指出未来的研究方向。

第一节　研 究 结 论

随着现代金融市场的不断发展,越来越多的上市公司利用衍生工具进行套期保值,以规避公司面临的风险。因此,为了规范公司对衍生工具的使用和相关的信息披露,让投资者充分了解衍生工具的风险,各国证券监管机构和会计准则制定机构均对衍生工具的风险信息披露作出了详细的规定。然而考虑到衍生工具风险的复杂性以及风险信息传递的困难程度,投资者是否能够充分理解和利用公司披露的相关信息,并作出恰当的投资判断和决策有待进一步检验。本研究以心理学中的信息加工理论、认知拟合理论和风险感知理论为基础,采用实验研究方法,检验了是否进行套期保值、套期保值比例和被套期项目的风险披露方式对个体投资者的投资判断的影响。本研究的研究结论主要包括以下几点。

(1)理论分析表明,由于有限的信息加工能力和信息加工策略选择等,套期保值和被套期项目的风险披露方式会共同影响个体投资者的投资判断;同时,套期保值比例和被套期项目的风险披露方式也会共同影响个体投资者的投资判断。此外,个体投资者对风险的可控性和净利润的波动程度的评价,会中介套期保值比例、被套期项目的风险披露方式对个体投资者的投资判断的影响。

(2) 实验结果表明,套期保值和被套期项目的风险披露方式共同影响个体投资者的投资判断。在公司披露燃油价格波动风险定性信息的情况下,与公司没有进行套期保值相比,在公司进行套期保值时,个体投资者评价的投资风险更高,投资吸引力更低;在公司披露燃油价格波动风险定量信息的情况下,与公司没有进行套期保值相比,当公司进行套期保值时,个体投资者评价的投资风险更低,投资吸引力更高。

(3) 实验结果表明,套期保值比例和被套期项目的风险披露方式共同影响了个体投资者的投资判断。个体投资者对拥有不同套期保值比例的公司的投资判断,取决于公司所选择的被套期项目的风险披露方式。具体来说,在公司披露了燃油价格波动风险的定性信息的情况下,与公司对一小部分预期购买的燃油进行套期保值相比,在公司对一大部分预期购买的燃油进行套期保值时,投资者评价的投资风险更高,投资吸引力更低;在公司披露了燃油价格波动风险定量信息的情况下,与公司对一小部分预期购买的燃油进行套期保值相比,在公司对一大部分预期购买的燃油进行套期保值时,投资者评价的投资风险更低,投资吸引力更高。

(4) 实验结果表明,被套期项目风险的不同披露方式会使个体投资者对拥有相同套期保值比例的公司作出不同的投资判断。具体来说,在公司对一大部分预期购买的燃油进行套期保值的情况下,与公司披露燃油价格波动风险的定性信息相比,在公司披露燃油价格波动风险的定量信息时,投资者评价的投资风险更低,投资吸引力更高;在公司对一小部分预期购买的燃油进行套期保值的情况下,与公司披露燃油价格波动风险的定性信息相比,在公司披露燃油价格波动风险的定量信息时,投资者评价的投资风险更高,投资吸引力更低。

(5) 实验结果表明,个体投资者对风险可控性的评价,部分中介了套期保值比例、被套期项目的风险披露方式对净利润波动程度判断的影响;个体投资者对净利润波动程度的评价,部分中介了风险可控性对投资风险判断的影响;个体投资者对投资风险的评价,完全中介了净利润波动程度对投资吸引力判断的影响。

第二节　实　践　启　示

为了给投资者提供关于金融工具的更充分的信息,以帮助投资者更好地了解和评价公司所面临的风险,各国监管机构和准则制定机构均对金融工具及其衍生品的风险信息披露作出了规定。虽然准则制定者和监管机构已经努力要求上市公司在年报中披露更多的衍生工具风险信息,但是很少有研究去帮助准则制定者和监管者完善目前风险信息披露及衍生工具的相关准则或规定。本研究基于心理学理论,检验了套期保值、套期保值比例和被套期项目风险的披露方式是否以及如何影响个体投资者的投资判断,这对准则制定者和监管者、公司管理层以及投资者均具有重要的现实意义。对准则制定者和监管者来说,了解现行的衍生工具的相关准则和规定如何影响投资者的判断,有利于完善衍生工具相关的准则和规定;对公司管理层来说,了解投资者如何对他们所选择的风险信息的披露方式以及套期保值的决策作出反应,有利于选择恰当的风险披露方式以避免投资者对公司的不恰当的投资评价;对投资者来说,了解不同的风险信息披露方式和套期保值比例如何影响他们对公司的投资判断,有利于在以后的投资过程中作出恰当的判断和决策。因此,结合本研究的研究结果,本研究对实践的启示具体体现在以下三个方面。

（一）完善关于衍生工具的披露准则

投资者一直呼吁公司管理层更多地披露关于公司所面临的风险和不确定性的前瞻性信息（Mayo,2002;Ryan,1997），并且认为目前可获得的信息是不充分的（Buffett,2003），而衍生工具本身具有的复杂性则使投资者更需要充分的信息以理解衍生工具所带来的风险。随着越来越多的上市公司利用衍生工具管理风险，各国准则制定者和监管者逐步完善了与衍生工具相关的准则和规定，努力给投资者提供充分的信息以理解相关的风险。FRR No.48,要求上市公司从定量和定性的角度披露衍生工具所带来的市场风险。IASB 发布的国际财务报告准则 7——金融工具披露（IFRS 7）和我国的《企业会计准则第 37 号——金融工具列报》均要求上市公司披露关于金融工具及其衍生品的定性的和定量的市场风险信息。但是上述准则和规定均没有强制要求上市公司披露一些非衍生工具,如商品头寸、预期交易等被套期项目的市场风险的定量信息,这些风险信息在投资者对衍生工具风险的评价上会产生重大影响。SEC 在颁布 FRR No.48 时考虑过是否要求披露这类非衍生工具的定量风险信息,但是尚无研究去考查这类信息如何影响投资者的投资判断,并且 SEC 考虑到在制定 FRR No.48 时一些风险度量体系在进行市场风险的定量评价时,并没有包含这类工具或交易等现实原因,没有强制要求而是鼓励披露这类工具或交易的定量的市场风险信息。

本研究发现,不充分的风险信息会导致投资者不能完全理解衍生工具的相关风险,从而作出不恰当的投资判断和决策。因此,各国准则制定者和监管者应该考虑要求公司披露与所使用的衍生工具相关的被套期项目的定量风险信息,以帮助投资者更好地理解公司的衍生工具风险以及套期保值后公司的风险,进而作出恰当的风险评价和投资决策。

（二）公司管理层应该合理选择适当的方式披露风险信息

衍生工具特有的复杂性和不透明性使投资者对衍生工具的风险评价高于一般的金融工具（Koonce等，2005）。一些管理层担心投资者、分析师等财务报表使用者对衍生工具的看法，所以选择不使用衍生工具。Bodnar等（1998）调查了非金融类公司的经理对使用衍生工具的看法。他们发现，在不使用衍生工具的公司中，有40％的经理因为担心投资者对衍生品的看法，而不使用衍生工具；而在使用了衍生工具的公司中，有90％的经理会因投资者和分析师的反应而担忧，其中53％的经理指出这种担忧程度是较高的。本研究将表明，在公司管理层选择恰当的风险信息披露方式的情况下，投资者可以恰当评价利用衍生工具进行套期保值的公司的风险，从而消除公司管理层对衍生工具使用的担忧。

此外，由于定量的风险信息要比定性的风险信息对投资者的影响更大，可能使投资者作出更负面的反应（Capriotti和Waldrup，2005），并且定量的风险信息要求管理层付出更多的努力，因此公司管理层不太可能愿意披露风险的定量信息。因此，当相关的准则允许管理层自由选择被套期项目风险的披露方式时，公司管理层一般会倾向于选择披露定性的风险信息。但是，本研究将表明，仅披露被套期项目风险的定性信息，不利于投资者理解衍生工具的相关风险。这将进一步使投资者对进行套期保值的公司作出不恰当的投资判断和决策。

因此，对公司管理层来说，他们应该考虑在利用衍生工具进行套期保值时，提供被套期项目风险的定量信息，以帮助投资者充分理解公司利用衍生工具进行套期保值的风险，从而作出恰当的投资判断。

（三）加强投资者关于套期保值和衍生工具等相关知识的培训

由于个体投资者的信息处理能力的有限性和投资决策环境的复杂程度差异，个体投资者不能获取和评价全部与决策相关的信息。因此,个体在认知过程中很难进行完全理性的思考,因而会尽力寻找解决问题的捷径,采用简单化的策略对信息进行加工(Simon,1956;March,1978),从而导致不恰当的投资判断。衍生工具固有的复杂性不利于投资者对其风险的理解,因此,投资者可能会采用简单的信息加工策略,仅根据公司所披露风险的多少来作出投资判断,而没有深入理解衍生工具的使用对公司的实际影响,进而对一些具有相同风险的公司作出不同的投资判断。这些将导致投资者作出次优的投资决策。因此,应该考虑加强对个体投资者关于衍生工具和套期保值等相关信息的教育和培训,以及相关的投资知识的培训,以增强投资者决策判断的能力,提高个体投资者的投资判断和决策水平。此外,我国目前正在大力发展和完善期货交易市场,努力实现衍生品和期货等知识的普及,努力提高投资者的投资决策水平,树立理性投资理念,从而更好地提高投资者自我保护能力,保护投资者的权益。

第三节　研究局限性和未来研究方向

本研究通过实验研究检验了是否进行套期保值、套期保值比例和被套期项目风险的披露方式对投资者投资判断的影响,得出了很多有价值的研究结论。但同时应注意到本研究也存在着一些局限性,这些局限也为未来的研究提供了方向。

一、研究局限性

(一) 没有涉及更多的衍生工具

公司面临的市场风险包括商品价格风险、汇率风险和利率风险等,针对不同的风险公司会采用不同的衍生工具进行套期保值,以对风险进行管理。本实验研究仅考虑公司利用一种衍生工具,即期货合约对商品价格风险进行套期保值的情况,而在实际情况下,公司可能会综合使用几种衍生工具去管理公司的整体风险,而不仅仅是单独管理某一项资产或负债带来的风险。此外。衍生工具包括期货合约、远期合约、互换和期权等,不同的衍生工具具有不同的特征及风险,投资者对于不同的衍生工具的风险感知可能会有所不同。为了避免实验设计得过于复杂影响投资者的判断质量,本实验仅考虑了一种衍生工具——期货合约。虽然期货合约是公司经常使用的风险管理工具(Bodnar 和 Gebhardt,1999),但是公司也可能会使用其他的衍生工具进行套期保值。

(二) 未考虑衍生工具市场风险的其他披露方法

依照衍生工具的相关准则的规定,上市公司可以选择以下三种方法披露市场风险的定量信息:表格形式、敏感性分析形式和风险价值形式。由于相对较多的公司使用敏感性分析方法披露衍生工具的定量信息(Hodder 等,2001),本实验仅考虑公司使用敏感性分析方法披露衍生工具的定量风险信息的情况,而在实际中,公司也可能会采用其他方法。因此,这种情况有待进一步检验。

(三) 仅考虑了个体投资者

与职业投资者相比,个体投资者的投资知识和经验缺乏、收集和分析信息的能力不足,因此更加具有非理性的特质,在判断决策中更容易出现偏误。本研究关注个体投资者的投资判断和决策,以 MPAcc 学员作为个体投资者的替代。本研究的实验参与者在一定程度上熟悉金融工具和衍生品,并且具有一些投资经验。但是本研究的实验参与者并非金融工具及其衍生品领域的专家,对衍生品的熟悉程度并不是非常高,因此将本研究的结果推广到经验更丰富的职业投资者中具有一定的局限性。虽然如此,一些研究也表明,即使是经验丰富的投资者在判断和决策的过程中也并非完全理性的,依然会出现偏误,他们与个体投资者的判断没有显著性差异(Miller, 2006; Barton 和

Mercer，2005）。

二、未来研究方向

结合本研究的局限性，以及目前衍生工具风险信息披露的现状，未来的研究可以从以下几个方面进行。

（一）考查其他种类衍生工具的影响

本研究的实验仅考虑了公司利用期货合约进行套期保值对投资者的投资判断的影响。未来研究可以考虑其他衍生工具，如远期合约和期权对投资者判断的影响。不同的衍生工具具有不同的特征，可能会使投资者感知到不同的风险。对远期合约来说，除了本身所具有的商品价格风险以外，交易对手的信用风险也会影响合约的风险；对期权来说，卖出期权的一方通常具有有限的收益，即期权费，但可能导致的损失很大，因此一旦期权的卖出方对未来的市场价格作出错误的预期，就会带来较大的风险，这种收益和损失的不对等性可能会影响投资者对风险的感知。因此，考虑到不同的衍生工具会影响投资者感知到的风险，未来研究可以检验在公司使用期货合约以外的其他金融工具进行套期保值时，如何影响投资者的投资判断和决策。

（二）考查衍生工具市场风险的其他披露方法的影响

本研究的实验仅考虑了衍生工具风险信息的敏感性分析的披露方法，依照准则的规定，公司也可以选择表格形式和风险价值形式披露衍生工具风险的定量信息。表格的列报形式要求公司提供受市场风险影响的资产和负债的信息，披露资产负债表日后五年每一年的市场风险敏感性工具的公允价值和平均价格，以及剩余年度的整体价值。风险价值的特点是披露在正常市场条件下投资组合业绩最差的情况（Linsmeier 和 Pearson，1997），更具体地说，风险价值是指在给定的期间和在给定的可能性水平下，市场风险敏感性工具给公司带来的最大程度的损失。考虑到公司所选择的不同的披露方法可能会影响个体投资者的风险感知，因此，未来的研究可以探讨当公司选择表格形式或风险价值形式披露衍生工具风险的情况下，套期保值比例和被套期项目的风险披露方式如何影响个体投资者的投资判断。

（三）研究职业投资者的投资决策行为

如前文所述，本研究考查的是个体投资者的投资判断和决策行为，尽管个体投资者是证券市场的重要组成部分和行为主体。但是，经验丰富的职业投资者或机构投资者的行为也对资本市场产生重要的影响。考虑到职业投资者具有相对较高的投资知识水平和投资经验，他们的行为可能与个体投资者的行为存在差异。因此，未来研究可以检验套期保值比例和被套期项目风险的披露方式如何影响职业投资者的判断和行为。

参 考 文 献

［1］巴曙松.2010 全球金融衍生品市场发展报告［M］.北京：北京大学出版社,2010.

［2］财政部.企业会计准则 2006［M］.北京：经济科学出版社,2006.

［3］邓传洲,李正.论非金融类公司年度报告中的风险信息披露［J］.会计研究,2003(8):19-22.

［4］杜莉,戴倩倩.年度报告的风险信息沟通及影响因素［J］.证券市场导报,2010(7)：32-36.

［5］葛家澍,占美松.企业财务报告分析必须着重关注的几个财务信息—流动性、财务适应性、预期现金净流入、盈利能力和市场风险［J］.会计研究,2008(5)：3-9.

［6］郭飞.2006.外汇风险对冲和公司价值：基于中国跨国公司的实证研究［J］.经济研究,2012(9)：18-31.

［7］伦道夫・史密斯,史蒂芬・戴维斯著.郭秀艳,孙里宁译.实验心理学教程——勘破心理世界的侦探(第三版)［M］.北京：中国轻工业出版社,2006,143-339.

［8］郭秀艳.实验心理学［M］.北京：人民教育出版社,2004.

［9］雷英,吴建友.商业银行市场风险披露对使用者的决策影响研究［J］,会计研究,2009,(3):39-46.

［10］李胜利.SEC 市场风险披露准则及其借鉴［J］.证券市场导报,2002(2)：20-23.

［11］刘淑莲.衍生产品使用的目的：套期保值或套期获利？—以深南

电期权合约为例[J]. 会计研究,2009,11：30-35.

[12] 马颖. 我国衍生金融工具会计监管机制研究[M].上海:复旦大学出版社,2011.

[13] 毛华配,王艇,郑璐,等. 投资者风险感知与风险倾向对风险决策的影响—基于民间投资者的样本[J]. 应用心理学,2013,19(4)：332-338.

[14] 屈小兰. 分析师推荐理由、分析师声誉与投资者的投资判断[D].天津:南开大学,2013.

[15] 特瑞斯·普雷切特,琼·丝米特,海伦·多平豪斯,等. 风险管理与保险[M].北京:中国社会科学出版社,1998,121-135.

[16] 王甦,汪安圣. 认知心理学[M].北京:北京大学出版社,1992.

[17] 温忠麟,候杰泰,张雷. 调节效应与中介效用的比较和应用[J].心理学报,2005(2)：268-274.

[18] 颜延. 会计报表中衍生产品的信息披露研究—美国的经验与启示[J]. 会计研究,2013(4)：32-37.

[19] 约翰.C.赫尔,王勇. 期权、期货及其他衍生产品[M].北京:机械工业出版社,2011.

[20] 张继勋,屈小兰. 管理层讨论与分析中的风险提示信息、管理层诚信度与投资者的决策[J]. 证券市场导报,2011(9)：51-56.

[21] 张继勋,何亚南. 内部控制审计意见类型与个体投资者对无保留财务报表审计意见的信心——一项实验证据[J]. 审计研究,2013(3)：93-100.

[22] 张继勋,何亚南. 资产减值的可转回性、管理层责任与管理层的投资决策—— 一项实验证据[J]. 南开管理评论,2014,17(4)：78-87.

[23] 张继勋,刘文欢. 投资倾向、内部控制重大缺陷与投资者的投资判断——基于个体投资者的实验研究[J]. 管理评论,2014,26(3)：19-30.

[24] 张继勋,周冉,孙鹏.内部控制披露、审计意见、投资者的风险感知和投资决策:一项实验证据[J].会计研究,2011(9):66-73.

[25] 张继勋.会计和审计中的实验研究方法[M].天津:南开大学出版社,2008.

[26] 张丽霞,张继勋.IASB新提议的金融负债公允价值变动损益列报形式能够消除反直觉效应及投资判断偏误吗？——基于个体投资者的实验证据[J].会计研究,2013(12):3-10.

[27] 张夕阳,林设,王小娟.上市公司衍生品工具使用增速滞缓[N].中国证券报,2014-07-21.

[28] 郑明川,徐翠萍.衍生金融工具风险信息的VaR披露模式[J].会计研究,2002(7):49-53.

[29] ABRAHAM S, COX P. Analyzing the determinants of narrative risk information in UK FTSE 100 annual reports[J]. British Accounting Review, 2007, 39 (3): 227-248.

[30] ADAM T, FERNANDO C. Hedging, speculation, and shareholder value[J]. Journal of Financial Economics, 2006, 81 (2): 283-309.

[31] ALLAYANNIS G, UGUR L, MILLER D P. The use of foreign currency derivatives, corporate governance, and firm value around the world[J]. Journal of International Economics, 2012, 87(1): 65-79.

[32] ALLAYANNIS G, WESTON J. The use of foreign currency derivatives and firm market value [J]. Review of Financial Studies, 2001, 14 (1): 243-276.

[33] BALI T G, HUME S R, MARTELL T F. A new look at hedging with derivatives: will firms reduce market risk exposure [J]. Journal of Futures Markets, 2007, 27: 1053-1083.

[34] BALL R, BARTOV E. How naive is the stock market's use of

earnings information? [J]. Journal of Accounting and Economics, 1996, 21(3): 319-337.

[35] BARBER B M, ODEAN T. Online investors: do the slow die first? [J]. Review of Financial Studies, 2002(15): 455-489.

[36] BARON R M, KENNY D A. The moderator-mediator variable distinction in social psychological research: conceptual, strategic, and statistical considerations [J]. Journal of personality and social psychology, 1986, 51(6): 1173-1182.

[37] BARTON J, MERCER M. To blame or not blame: Analysts' reactions to external explanations for poor financial performance[J]. Journal of accounting and economics, 2005, 39(3): 509-533.

[38] BARTON J. Does the use of financial derivatives affect earnings management decisions? [J]. The Accounting Review, 2001, 76(1): 1-26.

[39] BARTOV E, GIVOLY D, HAYN C. The rewards to meeting or beating earnings expectations[J]. Journal of Accounting and Economics, 2002, 33: 173-204.

[40] BARTRAM S M, BROWN G W, FEHLE F R. International evidence on financial derivatives usage [J]. Financial Management, 2009, 38(1): 185-206.

[41] BARTRAM S, BROWN G, CONRAD J. The effects of derivatives on firm risk and value[J]. Journal of Financial & Quantitative Analysis, 2011, 46(4): 967-999.

[42] Basel Committee on Banning Supervision (BCBS), International Organization of Securities Commissions (IOSCO). Risk Management Guidelines for Derivatives. Bank for International Settlements[Z], Basel, Switzerland, 1994.

[43] BEATTIE V. MCINNES, B, FEARNLEY S. A methodology

for analysing and evaluating narratives in annual reports a comprehensive descriptive profile and metrics for disclosure quality attributes[J]. Accounting Forum, 2004, 28 (3): 205-236.

[44] BEAVER W, KETTLER P, SCHOLES M. The association between market determined and accounting determined risk measures[J]. The Accounting Review, 1970, 45 (4): 654-682.

[45] BEAVER W, MCANALLY M, STINSON C. The information content of earnings and prices: a simultaneous equations approach[J]. Journal of Accounting and Economics, 1997, 23: 53-81.

[46] BEHN R D, VAUPE J W. Quick Analysis for Busy Decision Makers. New York: Basic Books, 1982.

[47] BELZILE R, FORTIN A, VIGER C. Recognition versus disclosure of stock option compensation: an analysis of judgments and decisions of nonprofessional investors [J]. Canadian Accounting Perspectives, 2006, 5 (2): 147-179.

[48] BEN-ZUR H. Dimensions and patterns in decision-making models and the controlled/automatic distinction in human information processing [J]. European Journal of Cognitive Psychology, 1998, 10 (2): 171-189.

[49] BERETTA S, BOZZOLAN S. A framework for the analysis of firm risk communication [J]. The International Journal of Accounting, 2004, 39(6): 265-288.

[50] BERGER A N, MILLER N H, PETERSEN M A, et al. Does function follow organizational form? evidence from the lending practices of large and small banks[J]. Journal of Financial Economics, 2005, 76: 237-269.

[51] BERROSPIDE J M, PURNANANDAM A, RAJAN U.

Corporate hedging, investment and value.［R］. Working paper, University of Michigan, 2011.

［52］ BETTMAN J R, ZINS M. Information format and choice task in decision making［J］. Journal of Consumer Research, 1979(6): 141-153.

［53］ BIRNBERG J G. Bayesian statistics: a review［J］. Journal of Accounting Research, 1964, 2 (1): 108-116.

［54］ BISCHOF J. The effects of IFRS 7 adoption on bank disclosure in Europe［J］. Accounting in Europe, 2009, 6(2): 167-194.

［55］ BLACK F, SCHOLES M. The pricing of options and corporate liabilities［J］. Journal of Political Economy, 1973, 81: 637-659.

［56］ BLOOMFIEILD R, Libby R, Nelson M. Communication of confidence as a determinant of group judgment accuracy［J］. Organizational Behavior & Human Decision Processes, 1996, 68 (3): 287-300.

［57］ BODNAR G, GEBHARDT G. Derivatives usage in risk management by U. S. and German non－financial firms: A comparative survey［J］. Journal of International Financial Management and Accounting, 1999(10): 153-187.

［58］ BODNAR G, GEBHARDT G. Derivatives usage in risk management by U. S. and German nonfinancial firms: a comparative survey［J］. Journal of International Financial Management and Accounting, 1999, 10 (3): 153-187.

［59］ BODNAR G, HAYT G, MARSTON R. Wharton survey of financial risk management by US non－financial firms［J］. Financial Management, 1998, 27:70-91.

［60］ BOGLE J. The ownership of corporate America—rights and responsibilities［C］. Remarks by John C. Bogle, Founder and

Former Chairman, The Vanguard Group, 20th Anniversary Meeting of the Council of Institutional Investors, April 11, 2005.

[61] BONEER S, ClOR - PROELL S, KOONCE L, et al. Mental accounting and disaggregation on the Income Statement[R]. Working Paper, 2013.

[62] BORITZ J E, GABER B G, LEMON W M. An experimental study of review of preliminary audit strategy by external auditors[R]. Toronto: The Canadian Academic Accounting Association, 1987.

[63] BORITZ J E, GABER B G, LEMON W M. Managing audit risk [J]. CA Magazine, 1987, 120 (1): 36-41.

[64] BROWN L, HAN J. Do stock prices reflect the implications of current earnings for future earnings for AR1 firms ? [J] Journal of Accounting Research, 2000, 38(3): 149-164.

[65] BUFFETT W. Avoiding a mega-catastrophe. [J]. Fortune, 2003, 17(15): 82-87.

[66] BUSHEE B, ROBERT J H, FREDERICK E. Derivatives: were 1994 disclosures adequate[J]. Journal of Corporate Accounting and Finance, 1996,35(7): 21-34.

[67] CAMPBELL J, CHEN H, DHALIWAL D S, et al. The information content of mandatory risk factor disclosures in corporate filings[J]. Review of Accounting Studies, 2014, 19 (1):396-455.

[68] CAPRIOTTI K, WALDRUP B. Miscommunication of uncertainties in financial statements: a study of preparers and users[J]. Journal of Business & Economics Research, 2005, 3 (1): 33-46.

[69] CARNEIRO L A F, SHERRIS M. Corporate interest rate risk management with derivatives in Australia: empirical results[J]. Revista Contabilidade & Finanças-USP, 2008, 19(46): 86-107.

[70] CARTER D, ROGERS D, SIKINS B. Does hedging affect firm value? Evidence from the US airline industry[J]. Financial Management, 2006, 35(6): 53-86.

[71] CHERNENKO S, FAULKENDER M. The two sides of derivatives usage: hedging and speculating with interest rate swaps[J]. Journal Of Financial and Quantitative Analysis, 2011, 46(6): 1727-1754.

[72] CHESLEY G R. Interpretation of uncertainty expressions[J]. Contemporary Accounting Research, 1985, 2: 179-199.

[73] CHESLEY G R. Procedures for the communication in auditors' working papers[M]. In Behavioral Experiments in Accounting II, edited by T. J. Burns. Columbus: The Ohio State University, 1979.

[74] CHILDERS T L, VISWANATHAN M. Representation of numerical and verbal product information in consumer memory [J]. Journal of Business Research, 2000, 47(5): 109-120.

[75] CHRISTENSEN B E, STEVEN M G, THOMAS C O, et al. Does estimation uncertainty affect investors' preference for the form of financial statement presentation? [R]. Working paper, Texas A&M University, 2014.

[76] CLARK E, JUDGE A. The determinants of foreign currency hedging: does foreign currency debt induce a bias? [J] European Financial Management, 2008, 14(3):445-469.

[77] CLARKE V A, LOVEGROVE H, WILLIAMS A, et al. Unrealistic optimism and the health belief model[J]. Journal of

Behavioral Medicine, 2000, 23: 367-376.

[78] COOK T D, CHANPELL D T. Qusi-experimentation: design and analysis issues for field settings [M]. Chicago: Rand Mcnally, 1979.

[79] COOLEY P L. A multidimensional analysis of institutional investor perception of risk[J]. Journal of Finance, 1977, 32(1): 67-78.

[80] COOMBS C H. Portfolio theory and the measurement of risk. in human judgment and decision processes[M]. New York. NY: Academic Press, 1975, 63-68.

[81] COURTNAGE S. Financial reporting of risk [J]. Tolley's Practical Audit and Accounting, 1998, 9(6): 61-63.

[82] CUMMINS J, PHILLIPS R, STITH S. Derivatives and Corporate Risk Management: Participants and Volume Decisions in the Insurance Industry[J]. The Journal of Risk and Insurance, 2001, 68(1): 51-91.

[83] DAWES R. Linear models in decision making[J]. Psychological Bulletin, 1974, 81:95-106.

[84] DECHOW P, DICHEV I. The quality of accruals and earnings: the role of accrual estimation errors [J]. The Accounting Review, 2002, 77(4): 35-59.

[85] Deloitte Touche Tohmatsu International. 2005. IAS 30 Disclosure in Financial Statements of Banks and Similar Financial Institutions [Z]. http://www.iasplus.com/index.htm.

[86] Deloitte Touche Tohmatsu International. 2005. IAS 32 Financial Instruments: Disclosure and Presentation [Z]. http://www. iasplus.com/index.htm.

[87] DEMERS E A, VEGA C. Understanding the Role of Managerial

Optimism and Uncertainty in the Price Formation Process: Evidence from the Textual Content of Earnings Announcements [R]. Working paper, University of Virginia, 2014.

[88] DEUMES R, KNECHEL W R. Economic incentives for voluntary reporting on internal risk management and control systems[J]. Auditing: A Journal of Practice & Theory, 2008, 27(1): 35-66.

[89] DEUMES R. Corporate risk reporting: a content analysis of narrative risk disclosures in prospectuses[J]. Journal of Business Communication, 2008, 45(2):120-157.

[90] DICHEV I, TANG V W. Earnings volatility and earnings predictability[J]. Journal of Accounting and Economics, 2009, 47: 160-181.

[91] DIETRICH R, KACHELMEIER S, KLEINMUNTZ D, et al. Market efficiency, bounded rationality, and supplemental business reporting disclosures [J]. Journal of Accounting Research, 2001, 39 (12): 243-268.

[92] DOBLER M, LAJILI K, ZÉGHAL D. Attributes of corporate risk disclosure: an international investigation in the manufacturing sector[J]. Journal of International Accounting Research, 2011, 10(2): 1-22.

[93] EASLEY D, O'HARA M. Information and the cost of capital [J]. The Journal of Finance, 2004, 59: 1553-1583.

[94] ELLIOTT W B, HOBSON J L, JACKSON K E. Disaggregating management forecasts to reduce investors' susceptibility to earnings fixation[J]. The Accounting Review, 2011, 86(1): 185-208.

[95] ELLIOTT W B, HODGE F D, SENDOR L M. Using online

video to announce a restatement: influences on investment decisions and the mediating role of trust[J]. The Accounting Review, 2012, 87(2): 513-535.

[96] ELLIOTT W B, HODGE F, KENNEDY J J, et al. Are MBA students a good proxy for nonprofessional investors? [J] The Accounting Review, 2007, 82(1): 139-168.

[97] ELLIOTT W B, JACKSON K E, SMITH S D. The influence of sensitivity disclosures on investor judgments [R]. Working paper, University of Illinois at Urbana-Champaign, 2008.

[98] ELMY F J, LEGUYADER L P, LINSMEIER T J. A review of initial filings under the SEC's new market risk disclosure rules [J]. Journal of Corporate Accounting and Finance, 1998, 9(4): 33-45.

[99] ELZAHAR H, HUSSAINEY K. Determinants of narrative risk disclosures in UK interim reports[J]. Journal of Risk Finance, 2012, 13(2): 133-147.

[100] ENGELBERG J. Costly information processing: evidence from earnings announcements[R]. Working paper, Northwestern University, 2008.

[101] FAMA E F. Efficient capital markets: a review of theory and empirical work[J]. Journal of Finance, 1970, 25 (2): 383-417.

[102] FAMA E F. Market efficiency, long-term returns, and behavioral finance[J]. Journal of Financial Economics, 1998, 49(3): 283-306.

[103] FARRELLY G E, REICHENSTEIN W R. Risk perceptions of institutional investors[J]. Journal of Portfolio Management, 1984, 10(4): 5-12.

[104] FAULKENDER M. Heding or market timing? selecting the

interest rate exposure of corporate debt[J]. Journal of Finance, 2005, 60(2): 931-962.

[105] FAUVER L, NARANJO A. Derivative usage and firm value: The influence of agency costs and monitoring problems[J]. Journal of Corporate Finance, 2010, 16: 719-735.

[106] Financial Accounting Standards Board (FASB), Statement of Financial Accounting Standards No. 105: Disclosure of Information about Financial Instruments with Off-Balance Sheet Risk and Financial Instruments with Concentrations of Credit Risk[S]. Stamford, Conn: FASB.

[107] Financial Accounting Standards Board (FASB). 1975. Accounting For Contingencies. Statement of Financial Accounting Standards No. 5[S]. Norwalk, CT: FASB.

[108] Financial Accounting Standards Board (FASB). 1990. Employers Accounting for Post retirement Benefits Other Than Pensions. Statement of Financial Accounting Standards No, 106[S]. Norwalk, CT: FASB.

[109] Financial Accounting Standards Board (FASB). 2000. Accounting For Transfers ami Servicing of Financial Assets and Extinguishments of Liabilities. Statement of Financial Accounting Standards No. 140[S]. Norwalk, CT: FASB.

[110] Financial Accounting Standards Board (FASB). Statement of Financial Accounting Standards No. 119: Disclosure about Derivative Financial Instruments and Fair Value of Financial Instruments[S]. Stamford, Conn, FASB.

[111] Financial Accounting Standards Board (FASB)., Statement of Financial Accounting Standards No. 107: Disclosure about Fair Value of Financial Instruments[S]. Stamford, Conn, FASB.

[112] FISCHHOFF B, SLOVIC P, LICHTENSTEIN S, et al. How safe is safe enough? A psychometric study of attitudes towards technological risks and benefits[J]. Policy Sciences, 1978(9): 127-152.

[113] FRANCIS J, LAFOND R, OLSSON P, et al. The market pricing of accruals quality [J]. Journal of Accounting and Economics, 2005, 39 (2): 295-327.

[114] FRANCIS J, LAFOND R, OLSSON P, et al. The market pricing of earnings quality [R]. Working Paper, Duke University, 2002.

[115] FROOT K, SCHARFSTEIN D, STEIN J. Risk management: coordinating corporate investment and financing policies[J]. The Journal of Finance, 1993, 48(2): 1629-1658.

[116] GECZY C, MINTON B, SCHRAND C. Why firms use currency derivatives[J]. The Journal of Finance, 1997, 52(6): 1323-1354.

[117] GILBERT D T, FISKE S T, LINDZEY G. The Handbook of Social Psychology[M]. Fourth Edition (2 Volume Set). New York: McGraw-Hill, 1998.

[118] GONEDES N, DOPUCH N. Capital market equilibrium, information production, and selecting accounting techniques: theoretical framework and review of empirical work[J]. Journal of Accounting Research, 1974, 12: 48-129.

[119] GRAHAM J, ROGERS D. Do firms hedge in response to tax incentives? [J]. Journal of Finance, 2002, 57: 815-839.

[120] GRAHAM J, SMITH C. Tax incentives to hedge[J]. Journal of Finance, 1999, 54: 2241-2262.

[121] GUAY W, HAUSHALTER D, MINTON B. The influence of

corporate risk exposures on the accuracy of earnings forecasts [R]. Working paper, University of Pennsylvania, 2003.

[122] GUAY W, KOTHARI S P. How much do firms hedge with derivatives [J]. Journal of Financial Economics, 2003, 70: 423-461.

[123] GUAY W. The impact of derivatives on firm risk: an empirical examination of new derivatives' users [J]. Journal of Accounting and Economics, 1999, 26 (1-3): 319-351.

[124] GUO H. Quantitative market risk disclosure, bond default risk and the cost of debt: Why value at risk? [R] Working paper, Baruch College, 2002.

[125] HAGELIN N, HOLMEN M, KNOPF J, et al. Managerial stock option and the hedging premium [R]. working paper, 2004.

[126] HAN J, TAN H T. Investors' reactions to management earnings guidance: the joint effect of investment position, news valence, and guidance form [J]. Journal of Accounting Research, 2010, 48(1): 81-104.

[127] HAN J, TAN H T. Investors' reactions to management guidance forms: the influence of multiple benchmarks[J]. The Accounting Review, 2007, 82(2): 521-543.

[128] HAND J. A test of the extended functional fixation hypothesis [J]. The Accounting Review, 1990, 65(4): 740-763.

[129] HAUSHALTER G D. Financing policies, basis risk, and corporate hedging: evidence from oil and gas producers[J]. Journal of Finance, 2000, 55:107-152.

[130] HENTSCHEL L, KOTHARI S. Are corporations reducing or taking risks with derivatives? [J]. Journal of Financial and

Quantitative Analysis, 2001, 36: 93-116.

[131] HIRST D E, KOONCE L, MILLER J. The joint effect of management's prior forecast accuracy and the form of its financial forecasts on investor judgment [J]. Journal of Accounting Research, 1999, 37: 101-124.

[132] HIRST D E, KOONCE L, VENKATARAMAN S. How disaggregation enhances the credibility of management earnings forecasts[J]. Journal of Accounting Research, 2007, 45(4): 811-837.

[133] HIRST E , HOPKINS E P. Comprehensive income reporting and analysts' valuation judgments[J]. Journal of Accounting Research, 1998, 36: 47-75.

[134] HODDER L, KOONCE L, MCANALLY M L. SEC market-risk disclosures: implications for judgment and decision making [J]. Accounting Horizons, 2001, 15 (3): 49-70.

[135] HODDER L, MCANALLY M L. SEC market-risk disclosures: enhancing comparability[J]. Financial Analysts Journal, 2001, 57 (3/4): 62-78.

[136] HODGE F, HOPKINS P, WOOD D. The effects of financial statement information proximity and feedback on cash flow forecasts[J]. Contemporary Accounting Research, 2010, 27 (1): 101-133.

[137] HOLDERNESS D K, HUNTON J E. Obfuscating earnings management when issuing disaggregated earnings guidance[R]. Working paper, Bentley University, 2011.

[138] HOLTGRAVE D, WEBER E. Dimensions of risk perception for financial and health and safety risks[J]. Risk Analysis, 1993, 13 (5): 553-558.

[139] HOPKINS E P. The effect of financial statement classification of hybrid financial instruments on financial analysts' stock price judgments[J]. Journal of Accounting Research, 1996, 34 (Supplement):33-50.

[140] HUANG KE-WEI. Exploring the information contents of risk factors in SEC form 10 - K: a multi-label text classification application [R]. Working paper, National University of Singapore, 2010.

[141] HUBERMAN G. Familiarity breeds investment[J]. Review of Financial Studies, 2001, 14(3): 659-680.

[142] HUNZIKER S. The disclosure of market risk information under IFRS 7 evidence from Swiss listed non-financial companies[R]. Working paper, Lucerne University of Applied Sciences and Arts, 2013.

[143] IASB. International Financial Reporting Standards No. 7: Financial Instruments: Disclosures [S]. London, U. K., IASB, 2010.

[144] IASB. International Financial Reporting Standards Practice Statement Management Commentary [S]. London, U. K., IASB, 2010.

[145] IJIRI Y. The Theory of Accounting Measurement[J]. Studies in Accounting Research, 1975, 10(6):25-39.

[146] IVKOVIĆ Z, WEISBENNER S. Local Does as Local Is: Information Content of the Geography of Individual Investors' Common Stock Investments[J]. Journal of Finance, 2005, 60 (1): 267-306.

[147] JAFFE-KATZ A, BUDESCU D V, WALLSTEN T S. Timed magnitude comparisons of numerical and non-numerical

expressions of uncertainty[J]. Memory & Cognition, 1989, 17: 249-264.

[148] JARION P. How informative are value-at-risk disclosures? [J]. The Accounting Review, 2002, 77(4): 911-931.

[149] JIN Y, JORION P. Firm value and hedging: evidence from US oil and gas producers[J]. The Journal of Finance, 2006, 61 (2): 893-919.

[150] JORGENSEN B N, KIRSCHENHEITER M T. Discretionary risk disclosures[J]. The Accounting Review, 2003, 78(2): 449-469.

[151] JUDD C M, KENNY D A. Process analysis: estimating mediation in treatment evaluations[J]. Evaluation Review, 1981(5): 602-619.

[152] JUDGE A, WIBE M T. The determinants of hedging: why norwegian non-financial firms hedge[R]. Working paper, Middlesex University, 2012.

[153] JUDGE A. The determinants of foreign currency hedging by u.k. non-financial firms[J]. Multinational Finance Journal, 2006(10): 1-41.

[154] KAHNEMAN D, LOVALLO D. Timid choices and bold forecasts: a cognitive perspective on risk-taking [J]. Management Science, 1994, 39(1): 17-31.

[155] KELTON S A. An examination of non-professional investors' information search strategies: the effects of hyperlinks and information load[R]. Working paper, 2005.

[156] KERLINGER F N. Foundation of behavioral research: educational and psychological inquiry[M]. New York: Holt, Rinehart & Winston, 1964.

[157] KIM H, YASUDA Y. A new approach to identify the economic effects of disclosure: Information content of business risk disclosures in Japanese firms[R]. working paper, Tokyo Keizai University, 2013.

[158] KITAGAWA N, KIM H, GOTO M. The effect of non-financial risk information on the evaluation of implied cost of capitals[R]. Working paper, Kobe University, 2011.

[159] KLEINMUNTZ D, SCHKADE D. Information displays and decision processes [J]. Psychological Science, 1993 (4): 221-227.

[160] KNOPF J D, NAM J, THORNTON J H. The volatility and price sensitivities of managerial stock option portfolios and corporate hedging[J]. Journal of Finance, 2002, 57: 801-814.

[161] KOONCE L, LIPE M G, MCANALLY M L. Investor reactions to derivative use and outcomes [J]. Review of Accounting Studies, 2008, 13: 571-597.

[162] KOONCE L, LIPE M G, MCANALLY M L. Judging the risk of financial instruments: problems and potential remedies[J]. The Accounting Review, 2005, 80: 871-895.

[163] KOONCE L, MCANALLY M L, MERCER M. How do investors judge the risk of financial items[J]. The Accounting Review, 2005(80): 221-241.

[164] KOONCE L, MILLER J, WINCHEL J. The effects of norms on investor reactions to derivative use [R]. Working Paper, 2013.

[165] KOONCE L, NELSON K K, SHAKESPEARE C M. Judging the relevance of fair value for financial instruments[J]. The Accounting Review, 2011, 86 (6): 2075-2098.

［166］KOTHARI S P. Capital markets research in accounting［J］. Journal of Accounting and Economics，2001，31：105-231.

［167］KRAVET T，MUSLU V. Textual risk disclosures and investors' risk perceptions［J］. Review of Accounting Studies，2013，18(4)：1088-1122.

［168］KRUSCHKE J K, JOHANSEN M K. A model of probabilistic category learning［J］. Journal of Experimental Psychology：Learning，Memory，and Cognition，1999，25 (5)：1083-1119.

［169］LAJILI K，ZÉGHAL D. A content analysis of risk management disclosures in Canadian annual reports［J］. Canadian Journal of Administrative Sciences，2005，11(2)：125-142.

［170］LARKIN J H, SIMON H A. Why a diagram is (sometimes) worth ten thousand words［J］. Cognitive Science，1987(11)：65-99.

［171］LEE C Y, LIN F S, TSENG C L, et al. Visual format for effective risk communication on a dilemma decision making［J］. Journal of Technology Management，2009，19(1)：3209-3218.

［172］LIBBY R, BLOOMFIELD R, NELSON M W. Experimental research in financial accounting［J］. Accounting，Organizations and Society，2002(27)：775-810.

［173］LIBBY R, BROWN T. Financial statement disaggregation decisions and auditors' tolerance for misstatement［J］. The Accounting Review，2013，88(2)：641-665.

［174］LIBBY R, FISHBURN P. Behavioral models of risk taking in business decisions：a survey and evaluation［J］. Journal of Accounting Research，1977，15 (2)：272-292.

［175］LIBBY R，TAN H T. Analysts' reactions to warnings of

negative earnings surprises [J]. Journal of Accounting Research, 1999, 37(2): 415-436.

[176] LICHTENSTEIN S, NEWMAN J R. Empirical scaling of common verbal phrases associated with numerical probabilities [J]. Psychonomic Science, 1967, 9: 563-564.

[177] LIN C M, OWENS W L, OWERS J E. The association between market risk disclosure reporting and firm risk: the impact of SEC FRR No. 48[J]. Journal of Applied Business Research, 2010, 26 (4): 35-46.

[178] LINDBERG E T, GARLING T, MONTGOMERY H. Prediction of preferences for choice between verbally and numerically described alternatives [J]. Acta Psychological, 1991, 76: 165-176.

[179] LINSLEY P, SHRIVES P. Transparency and the disclosure of risk information in the banking sector[J]. Journal of Financial Regulation and Compliance, 2005, 13(3): 205-214.

[180] LINSLEY P, SHRIVES P. Risk management and reporting risk in the UK [J]. Journal of Risk, 2000, 3 (1): 115-129.

[181] LINSMEIER T J, PEARSON N. Quantitative disclosures of market risk in the SEC release[J]. Accounting Horizons, 1997 (11): 107-135.

[182] LINSMEIER T J, THORNTON D B, VENKATACHALAM M, et al. The effect of mandated market risk disclosures on trading volume sensitivity to interest rate, exchange rate, and commodity price movements [J]. The Accounting Review, 2002, 77(2): 343-377.

[183] LIPE M. Individual investors' risk judgments and investment decisions: the impact of accounting and market data [J].

Accounting Organizations and Society, 1998, 23(7): 625-640.

[184] LOEWENSTEIN G, WEBER E, HSEE C, ET AL. Risk as feelings[J]. Psychol Bull, 2001, 127(2):267-286.

[185] LUCE R D, WEBER E U. An axiomatic theory of conjoint, expected risk[J]. Journal of Mathematical Psychology, 1986, 30: 188-205.

[186] MAINES L A, MCDANIEL L. Effects of comprehensive income characteristics on non-professional investors' judgments: the role of financial statement presentation format [J]. The Accounting Review, 2000, 75 (2): 179-207.

[187] MAN-SON-HING M, O'CONNOR A M, DRAKE E, ET AL. The effect of qualitative vs. quantitative presentation of probability estimates on patient decision-making: a randomized trial[J]. Health Expectations, 2002, 5: 246-255.

[188] MARCH J G, SHAPIRA Z. Managerial perspectives on risk and risk taking[J]. Management Science, 1987, 33: 1404-1418.

[189] MARCH J G. Bounded rationality, ambiguity, and the engineering of choice[J]. Bell Journal of Economics, 1978, 9(2): 587-608.

[190] MAYO M. Accounting risk at banks. Prudential Financial Conference Call Transcript[R]. February 1. New York, NY: Prudential Securities Incorporated. 2002.

[191] MILLER J S. Unintentional effects of preannouncements on investor reactions to earnings news [J]. Contemporary Accounting Research, 2006, 23(4): 1073-1103.

[192] MIRAKUR Y. Risk disclosure in sec corporate filings[R]. working paper, University of Pennsylvania, 2011.

[193] MOHOBBOT A. Corporate risk reporting practices in annual

reports of Japanese companies［J］. Japanese Journal of Accounting, 2005, 16(1): 113-33.

[194] NAKAO M A, AXELROD S. Numbers are better than words: verbal specifications of frequency have no place in medicine[J]. American Journal of Medicine, 1983, 74: 1061-1065.

[195] NELSON J M, MOFFITT J S, JOHN A G. The impact of hedging on the market value of equity[J]. Journal of Corporate Finance, 2005, 11: 851-881.

[196] NELSON M W, RUPAR K. Numerical formats within risk disclosures and the moderating effect of investors' concerns about management discretion［J］. The Accounting Review, 2015, 90(3):1149-1168.

[197] NGUYEN H, FAFF R. Are firms hedging or speculating? the relationship between financial derivatives and firm risk［J］. Applied Financial Economics, 2010, 20: 827-843.

[198] OLIVEIRA J, RODRIGUES L L, CRAIG R. Risk-related disclosures by non-finance companies: Portuguese practices and disclosure characteristics［J］. Managerial Auditing Journal, 2011a, 26 (9): 817-839.

[199] OLIVEIRA J, RODRIGUES L L, CRAIG R. Risk-related disclosure practices in the annual reports of Portuguese credit institutions: an exploratory study［J］. Journal of Banking Regulation, 2011, 12(2): 100-118.

[200] OLSHAVSKY R W. Task complexity and contingent processing in decision making: a replication and extension[J]. Organizational Behavior and Human Performance, 1979, 24: 300-316.

[201] OTHMAN R, AMEER R. Market risk disclosure: evidence

from Malaysian listed firms[J]. Journal of Financial Regulation and Compliance, 2009, 17 (1):57-69.

[202] PAYNE J W, BETTMAN J R, JOHNSON E J. The adaptive decision maker[M]. New York: Cambridge University Press, 1993.

[203] PAYNE J W. Alternative approaches to decision making under risk: moments versus risk dimensions [J]. Psychological Bulletin, 1973, 80(6): 439-453.

[204] PAYNE J W. Contingent decision behavior[J]. Psychological Bulletin, 1982, 92(2): 382-402.

[205] PAYNE J W. Task complexity and contingent processing in decision making: an information search and protocol analysis [J]. Organizational Behavior and Human Performance, 1976, 16: 366-387.

[206] PINCUS M, RAJGOPAL S. The interaction between accounting policy choice and hedging: Evidence from oil and gas producers[J]. Accounting Review, 2002, 77: 127-160.

[207] PRAMBORG B. Derivatives hedging, geographical diversification, and firm value[J]. Journal of Multinational Financial Management, 2004, 14: 117-33.

[208] PURNANANDAM A. Financial distress and corporate risk management: theory and evidence[J]. Journal of Financial Economics, 2008, 87: 706-739.

[209] RAJAB B. Corporate risk disclosure: its determinants and its impact on the company's cost of equity capital[D]. Edinburgh: Napier University, 2009.

[210] RAJGOPAL S, VENKATACHALAM M. Are earnings sensitivity measures risk-relevant? The case of oil price risk for

the petroleum refining industry[J]. Working paper, Emory University, 2000.

[211] RAJGOPAL S. Early evidence on the informativeness of the SEC's market risk disclosures: The case of commodity price risk exposure of oil and gas producers[J]. The Accounting Review, 1999, 74(3): 251-280.

[212] ROULSTONE D T. Effect of SEC financial reporting release No. 48 on derivative and market risk disclosures[J]. Accounting Horizons, 1999, 13(4): 343-363.

[213] RUSSO J E. The value of unit price information[J]. Journal of Marketing Research, 1977, 14: 193-201.

[214] RYAN S. A survey of research relating accounting numbers to systematic equity risk, with implications for risk disclosure policy and future research[J]. Accounting Horizons, 1997, 11(6): 82-95.

[215] Securities and Exchange Commission (SEC). Disclosure of Accounting Policies for Derivative Financial Instruments, and Derivative Commodity Instruments and Disclosure of Quantitative and Qualitative Information About Market Risk Inherent in Derivative Financial Instruments, Other Financial Instruments, and Derivative Commodity Instruments [S]. Release No. 33-7386; 34-38223; IC-22487; FRR No. 48; International Series No. 1047; File No. 27-35-95. Washington, D.C; SEC.

[216] SENGUPTA P. Corporate disclosure quality and the cost of debt[J]. The Accounting Review, 1998, 73: 459-74.

[217] SEOW G S, TAM K. The usefulness of derivative-related accounting disclosures[J]. Review of Quantitative Finance and

Accounting, 2002, 18(3): 273-291.

[218] SHEN Y C, HUE C W. The role of information presentation formats in belief updating [J]. International Journal of Psychology, 2007, 42: 189-199.

[219] SIMON H A. Part IV in models of man [M]. New York: Wiley, 1957.

[220] SIMON H A. Rational choice and the structure of the environment[J]. Psychological Review, 1956, 63(2): 129-138.

[221] SLOAN R. Do stock prices fully reflect information in accruals and cash flows about future earnings [J]. The Accounting Review, 1996, 71(3), 289-315.

[222] SLOVIC P, FISCHHOFF B, LICHTENSTEIN S. In societal risk assessment: how safe is safe enough [M]. New York: Plenum, 1980:181-214.

[223] SLOVIC P. From Shakespeare to Simon: speculations—and some evidence about man's ability to process information[C]. Oregon Research Institute Monograph, 1972.

[224] SLOVIC P. Perception of risk[J]. Science, 1987, 236: 280-285.

[225] SMITH C, STULZ R. The determinants of firms' hedging policies[J]. Journal of Financial and Quantitative Analysis, 1985, 20: 391-405.

[226] SRIBUNNAK V, WONG M H F. The impact of excluding nonfinancial exposure on the usefulness of foreign exchange sensitivity-analysis risk disclosures[J]. Journal of Accounting, Auditing & Finance, 2006, 21 (1): 1-25.

[227] STARR C. Social benefit versus technological risk[J]. Science, 1969, 165: 1232-1238.

[228] STONE D N, SCHKADE D A. Numeric and linguistic

information representation in multi-attribute choice [J]. Organizational Behavior and Human Decision Processes, 1991, 49: 42-59.

[229] TAN H T, TAN S K. Investors' reactions to management disclosure corrections: does presentation format matter [J]. Contemporary Accounting Research, 2009, 26 (2): 605-626.

[230] TAN H-T, LIBBY R, HUNTON J E. Analysts' reactions to earnings preannouncement strategies[J]. Journal of Accounting Research, 2002, 40(1): 223-246.

[231] TAN S K, KOONCE L. Investors' reactions to retractions and corrections of management earnings forecasts[J]. Accounting, Organizations and Society, 2011, 36(6): 382-397.

[232] TEGARDEN D P. Business information visualization [J]. Communications of AIS, 1999, 1(4): 1-37.

[233] TETLOCK P C, SAAR-TSECHANSKY M, MACSKASSY S. More than words: quantifying language to measure firms' fundamentals[J]. Journal of Finance, 2008, 63: 1437-1467.

[234] TETLOCK P. Giving content to investor sentiment: the role of media in the stock market[J]. Journal of Finance, 2007, 62: 1139-1168.

[235] THALER R H. The end of behavioral finance[J]. Financial Analysts, 1999, 55(November/December):12-17.

[236] THORNTON D, WELKER M. Impact of mandated market risk disclosures on investor-perceived exposure to commodity prices: The case of oil and gas producers[R]. Working paper, Queen's University, 2000.

[237] THORNTON D, WELKER M. The effect of oil and gas producers' FRR No. 48 disclosures on investors' risk

assessments[J]. Journal of Accounting, Auditing & Finance, 2004, 19(1): 85-114.

[238] TOOGOOD J H. What do we mean by "usually"? [J] Lancet, 1980, 1: 1094.

[239] TREANOR S D, ROGERS D A, CARTER D A, et al. Exposure, hedging, and value: new evidence from the U. S. airline industry[J]. International Review of Financial Analysis, 2014, 34: 200-211.

[240] TROTMAN K T. Research methods for judgment and decision making studies in auditing[M]. New Zealand: Elbourne, 1996.

[241] TRUEMAN B, TITMAN S. An explanation for accounting income smoothing[J]. Journal of Accounting Research, 1988, 26 (Supplement): 127-139.

[242] TUFANO P. The Determinants of Stock Price Exposure: Financial Engineering and the Gold Mining Industry [J]. Journal of Finance, 1998, 53: 1051-1052.

[243] TUFANO P. Who manages risk? An empirical examination of risk management practices in the gold mining industry[J]. The Journal of Finance, 1996, 51(4): 1097-1137.

[244] VENKATACHALAM M. Value-relevance of banks' derivative disclosures[J]. Journal of Accounting and Economics, 1996, 22: 327-355.

[245] VESSEY I. Cognitive fit: a theory-based analysis of the graphs versus tables literature[J]. Decision Sciences , 1991, 22: 219-240.

[246] VESSEY I. The effect of information presentation on decision making: a cost - benefit analysis [J]. Information and Management, 1994, 27: 103-119.

[247] VINCENT L. Equity valuation implications of purchase versus

pooling accounting [J]. The Journal of Financial Statement Analysis, 1997, 2(4): 5-19.

[248] VISCUSI W K, MAGAT W A, JOEL HUBER. Informational regulation of consumer health risks: an empirical evaluation of hazard warnings [J]. The Rand Journal of Economics, 1986 (17): 351-365.

[249] VISWANATHAN M, CHILDERS T L. Processing of numerical and verbal product information [J]. Journal of Consumer Psychology, 1996, 5: 359-385.

[250] WINTERFELDT D V, EDWARDS W. Decision analysis and behavioral research [M]. New York: Cambridge University Press, 1986.

[251] WALLSTEN T S, BUDESCU D V, WICK R Z. Comparing the calibration and coherence of numerical and verbal probability judgments[J]. Management Science, 1993, 39: 176-190.

[252] WEBER E U, BOTTOM W P. Axiomatic measures of perceived risk: some tests and extensions [J]. Journal of Behavioral Decision Making, 1989, 2: 113-131.

[253] WEBER E U, BOTTOM W P. An empirical evaluation of the transitivity, monotonicity, accounting, and conjoint axioms for perceived risk[J]. Organizational Behavior and Human Decision Processes, 1990, 45: 253-275.

[254] WEBER E U. A descriptive measure of risk [J]. Acta Psychological, 1988, 69:185-203.

[255] WEBER E U. The role of risk perception in risk management decisions: Who's afraid of a poor old age ? [M] England: Oxford University Press, 2004.

[256] WILLETT A H. The economic theory of risk and insurance

[M]. New York: Columbia University Press, 1901:121-135.

[257] WILLIAMS A, HEINS M H. Risk management and insurance [M]. New York: McGraw Hill, 1964.

[258] WINDSCHITL P, WELLS G. Measuring psychological uncertainty: verbal versus numeric methods [J]. Journal of Experimental Psychology: Applied, 1995, 2: 343-364.

[259] WONG M. The association between SFAS No. 119 derivatives disclosures and the foreign exchange risk exposure of manufacturing firms [J]. Journal of Accounting Research, 2000, 38 (2): 387-418.

[260] ZENG C, TAN Y C. Risk disclosure, international orientation, and share price informativeness: Evidence from China [R]. Working paper, University of Bristol, 2014.

[261] ZHANG R. The use of foreign currency derivatives and firm value in U.S[R]. Working paper, Tilburg University, 2012.

[262] ZHANG Y. Risk factor disclosure and stock return synchronicity in the banking industry [R]. Working paper, Columbia University, 2010.

后　记

本书是笔者主持的国家自然科学基金青年项目"衍生工具的使用、风险信息披露与投资者的风险感知和投资决策——基于心理和行为视角的研究"（项目批准号：71702104）、国家自然科学基金面上项目"IPO市场机制异化的定价后果研究"（项目批准号：71672057）和笔者参与的教育部人文社会科学研究项目"企业集团网络关系与子公司创新投资研究"（编号：19YJA790071）的重要成果之一，感谢国家自然科学基金委、教育部的资助和上海立信会计金融学院"序伦财经文库"学术专著出版项目的资助。

本书能顺利完成，首先要感谢笔者的博士生导师——南开大学商学院张继勋教授。在本书的撰写过程中，从选题到研究设计，从资料的搜集到实验材料的编写，直至本书的初稿和最后的定稿，无不倾注着张老师的大量心血。同样衷心感谢南开大学商学院会计系刘志远教授、周晓苏教授、程新生教授、周宝源副教授，各位老师为本书提供了大量指导，促使本书不断地改进和完善。非常感谢新加坡南洋理工大学Hun Tong Tan教授，感谢您在百忙之中抽出时间对本书的研究设计和实验材料进行悉心的指导并提供大量修改建议。最后，感谢上海立信会计金融学院会计学院和华东理工大学商学院各位老师的帮助。

附　　录

实验材料 A

知情同意书

尊敬的女士/先生：

您好，欢迎您参与本次调查！

本调查与投资者的投资判断和决策有关，整个过程需要约 20 分钟时间。

在本调查中，假设您是 ABC 公司的一位潜在投资者，在阅读完一些关于 ABC 公司的风险信息之后，需要您对几个与投资决策有关的问题作出自己的判断。

请您根据我们提供的信息作出判断，答案没有正确与错误之分。请独立完成各个问题，我们保证对您的回答严格保密。

本调查完全秉承自愿原则，您可以随时退出，且不会受到任何处罚。您在回答的过程中如有任何问题，请随时向我们提问，感谢您的参与！

若同意以下内容，请在方框中打"√"：

☐ 我已经阅读知情同意书，并同意参与本研究；

☐ 我了解我可以随时退出本研究，不会受到任何处罚；

☐ 我了解我将在本研究结束时收到知情同意书的副本。

您的姓名：_____　　　E-mail：_____

签名：_____　　　日期：_____

_____　　_____　　_____

执行同意书的研究者/　　　　签名　　　　　　日期
人员姓名

案例材料

一、背景信息

公司概况：ABC 公司是一家上市公司，公司主要从事航空客运、货运、邮运、行李运输、国内外公务飞行等相关服务。ABC 公司构建了比较密集的航线网络，拥有较为充裕、稳定的客源。

行业状况：随着国内民航运输市场的逐步开放，航空运输业的竞争将更加激烈。但国际市场的逐步恢复和国内市场需求的持续回升，使航空运输市场需求快速增长，这为航空业上市公司提供了良好的发展机遇。ABC 公司的简要资产负债表，如表 1 所示。ABC 公司的简要利润表，如表 2 所示。

表 1　ABC 公司简要资产负债表

单位：百万元

年度	2013 年	2012 年	2011 年
资产：			
流动资产	4 456	4 227	4 345
固定资产	13 389	12 766	13 127
资产总计	17 845	16 993	17 472
负债：			
流动负债	5 676	4 650	4 533
非流动负债	5 125	5 767	5 673
负债合计	10 801	10 417	10 206
股东权益	7 044	6 576	7 266

表 2　ABC 公司简要利润表

单位:百万元

年度	2013 年	2012 年	2011 年
营业收入	12 078	12 307	11 712
营业成本	11 112	11 436	10 759
营业利润	966	871	953
利息收入(费用)	(175.5)	(167)	(170.8)
其他收益(损失)	(80)	(75.7)	(78)
利润总额	710.5	628.3	704.2
所得税费用	273.5	232.3	272.2
净利润	437	396	432
每股收益(元)	0.562	0.497	0.557

二、风险信息

您在阅读 ABC 公司 2013 年年报时发现以下信息。

1. 燃油价格波动风险

燃油是 ABC 公司最主要的成本支出。过去三年中,燃油成本约占公司每年营业成本的 36%。公司 2011 年、2012 年和 2013 年的燃油消耗量分别约为 1 257 百万加仑、1 243 百万加仑和 1 250 百万加仑。燃油的价格会受到市场、政治、经济等不可控因素的影响。在过去几年,燃油价格波动幅度较高。虽然本公司已采取各种措施控制单位燃油成本,降低燃油消耗量,但如果未来燃油价格出现大幅波动,公司的经营业绩仍然会受到较大影响。

ABC 公司预计,在其他因素保持不变的情况下,基于对下一年燃油消耗量的估计,燃油市场价格波动对公司下一年利润总额的影响如下(不包括燃油期货合约的影响):

如果燃油市场价格上升 10%,公司下一年利润总额减少 400 百万元,损失额占利润总额的 52.2%;如果燃油市场价格下降 10%,公司下一年利润总额增加 400 百万元,增加额占利润总额的 52.2%。

2. 用于套期保值的燃油期货合约风险

为了降低上述燃油价格波动带来的风险,ABC 公司使用商品期货——燃油期货合约对一大部分预期采购的燃油进行套期保值。

燃油市场价格上升会导致燃油期货合约的公允价值上升,增加公司利润总额;燃油市场价格下降会导致燃油期货合约的公允价值下降,减少公司利润总额。ABC 公司预计,在其他因素保持不变的情况下,由于燃油市场价格波动,公司持有的燃油期货合约公允价值变动对公司下一年利润总额的影响如下:

如果燃油市场价格上升 10%,燃油期货合约公允价值变动会导致公司下一年利润总额增加 3.1 亿元,占利润总额的 40.4%;如果燃油市场价格下降 10%,燃油期货合约公允价值变动会导致公司下一年利润总额减少 3.1 亿元,占利润总额的 40.4%。

三、问题

根据以上材料,请您按顺序回答下面的问题,当您回答后面的问题时,请不要返回修改前面的回答,请您在认为最恰当的分值上打"√"。

1. 您认为,ABC 公司的投资吸引力有多大?

　　0　　1　　2　　3　　4　　5　　6　　7　　8　　9　　10
非常小　　　　　　　　　　　　　　　　　　　　　　非常大

2. 在作出上述关于投资吸引力的判断时,您的自信程度如何?

　　0　　1　　2　　3　　4　　5　　6　　7　　8　　9　　10
不自信　　　　　　　　　　　　　　　　　　　　　　非常自信

3. 从整体来看,您认为投资 ABC 公司的风险有多大?

　　0　　1　　2　　3　　4　　5　　6　　7　　8　　9　　10
风险很小　　　　　　　　　　　　　　　　　　　　　风险很大

4. 从整体来看,您认为 ABC 公司未来燃油价格上升的风险有多大?

　　0　　1　　2　　3　　4　　5　　6　　7　　8　　9　　10
风险很小　　　　　　　　　　　　　　　　　　　　　风险很大

5. 您认为,ABC公司未来净利润的波动程度有多大?

    0   1   2   3   4   5   6   7   8   9   10

    波动很小   波动很大

6. 您认为,ABC公司未来的盈利潜力有多大?

    0   1   2   3   4   5   6   7   8   9   10

    潜力很小   潜力很大

7. 您认为,在多大程度上ABC公司明确陈述了所面临的风险?

    0   1   2   3   4   5   6   7   8   9   10

    不明确   非常明确

8. 您认为,在多大程度上ABC公司管理层能够控制公司所面临的燃油价格波动风险?

    0   1   2   3   4   5   6   7   8   9   10

    不能控制   完全能控制

9. 您认为,ABC公司披露的燃油价格波动风险信息的可靠性如何?

    0   1   2   3   4   5   6   7   8   9   10

    不可靠   非常可靠

10. 您认为ABC公司管理层的胜任能力如何?

    0   1   2   3   4   5   6   7   8   9   10

    不能胜任   非常胜任

11. 您认为,ABC公司披露的风险信息在多大程度上有助于您对公司的风险进行评价?

    0   1   2   3   4   5   6   7   8   9   10

    没有帮助   帮助很大

12. 您认为,ABC公司披露的风险信息对您的投资决策有多大影响?

    0   1   2   3   4   5   6   7   8   9   10

    没有影响   影响很大

13. 在本案例中,ABC公司是否披露了燃油价格波动风险的定量信息?请在您认为正确的括号内打"√"。

[　　]是　　　　　　　[　　]否

14. a. 在本案例中,ABC 公司是否利用燃油期货合约进行套期保值,以降低燃油价格波动风险?

[　　]是　　　　　　　[　　]否

b. 如果你对 14.a 的回答为"是",那么 ABC 公司会利用燃油期货合约对[　　]预期购买的燃油进行套期保值。

[　　]一小部分　　　　　　　[　　]一大部分

15. 您对金融工具及其衍生品的熟悉程度如何?

0　　1　　2　　3　　4　　5　　6　　7　　8　　9　　10

不熟悉　　　　　　　　　　　　　　　　　十分熟悉

人口统计信息

1. 您的性别是 □男　□女。

2. 您的年龄是＿＿＿岁。

3. 您以前是否投资过股市? □是　□否

4. 如果投资过股市,您有多少年投资经验? ＿＿＿年＿＿＿月

5. 如果未投资过股市,您是否准备投资股市? □是　□否

6. 您曾经学过多少门财务和会计课程? ＿＿＿

7. 您参加工作已经有多少年了? ＿＿＿年＿＿＿月

8. 您是否从事过会计工作? □是　□否

实验材料 B

知情同意书

尊敬的女士/先生：

您好，欢迎您参与本次调查！

本调查与投资者的投资判断和决策有关，整个过程需要约20分钟时间。

在本调查中，假设您是 ABC 公司的一位潜在投资者，在阅读完一些关于 ABC 公司的风险信息之后，需要您对几个与投资决策有关的问题作出自己的判断。

请您根据我们提供的信息作出判断，答案没有正确与错误之分。请独立完成各个问题，我们保证对您的回答严格保密。

本调查完全秉承自愿原则，您可以随时退出，且不会受到任何处罚。您在回答的过程中如有任何问题，请随时向我们提问，感谢您的参与！

若同意以下内容，请在方框中打"√"：

☐ 我已经阅读知情同意书，并同意参与本研究；

☐ 我了解我可以随时退出本研究，不会受到任何处罚；

☐ 我了解我将在本研究结束时收到知情同意书的副本。

您的姓名：_____   E-mail：_____

签名：_____   日期：_____

_____   _____   _____

执行同意书的研究者/　　　　签名　　　　　　　日期

人员姓名

案例材料

一、背景信息

公司概况：ABC 公司是一家上市公司，公司主要从事航空客运、货运、邮运、行李运输、国内外公务飞行等相关服务。ABC 公司构建了比较密集的航线网络，拥有较为充裕、稳定的客源。

行业状况：随着国内民航运输市场的逐步开放，航空运输业的竞争将更加激烈。但国际市场的逐步恢复和国内市场需求的持续回升，使得航空运输市场需求快速增长，为航空业上市公司提供了良好的发展机遇。ABC 公司的简要资产负债表和简要利润表，分别如表 3、表 4 所示。

表 3　ABC 公司简要资产负债表

单位：百万元

年度	2013 年	2012 年	2011 年
资产：			
流动资产	4 456	4 227	4 345
固定资产	13 389	12 766	13 127
资产总计	17 845	16 993	17 472
负债：			
流动负债	5 676	4 650	4 533
非流动负债	5 125	5 767	5 673
负债合计	10 801	10 417	10 206
股东权益	7 044	6 576	7 266

表 4　ABC 公司简要利润表

单位：百万元

年度	2013 年	2012 年	2011 年
营业收入	12 078	12 307	11 712
营业成本	11 112	11 436	10 759
营业利润	966	871	953

（续表）

年度	2013 年	2012 年	2011 年
利息收入（费用）	（175.5）	（167）	（170.8）
其他收益（损失）	（80）	（75.7）	（78）
利润总额	710.5	628.3	704.2
所得税费用	273.5	232.3	272.2
净利润	437	396	432
每股收益（元）	0.562	0.497	0.557

二、风险信息

您在阅读 ABC 公司 2013 年年报时发现以下信息。

1. 燃油价格波动风险

燃油是 ABC 公司最主要的成本支出。过去三年中，燃油成本约占公司每年营业成本的 36%。公司 2011 年、2012 年和 2013 年的燃油消耗量分别约为 1 257 百万加仑、1 243 百万加仑和 1 250 百万加仑。燃油的价格会受到市场、政治、经济等不可控因素的影响。在过去几年，燃油价格波动幅度较高。虽然本公司已采取各种措施控制单位燃油成本，降低燃油消耗量，但如果未来燃油价格出现大幅波动，公司的经营业绩仍然会受到较大影响。

ABC 公司预计，在其他因素保持不变的情况下，基于对下一年燃油消耗量的估计，燃油市场价格波动对公司下一年利润总额的影响如下（不包括燃油期货合约的影响）：

如果燃油市场价格上升 10%，公司下一年利润总额减少 4 亿元，损失额占利润总额的 52.2%；如果燃油市场价格下降 10%，公司下一年利润总额增加 4 亿元，增加额占利润总额的 52.2%。

2. 用于套期保值的燃油期货合约风险

为了降低上述燃油价格波动带来的风险，ABC 公司使用商品期货——燃油期货合约对一小部分预期采购的燃油进行套期保值。

燃油市场价格上升会导致燃油期货合约的公允价值上升,增加公司利润总额;燃油市场价格下降会导致燃油期货合约的公允价值下降,减少公司利润总额。ABC 公司预计,在其他因素保持不变的情况下,由于燃油市场价格波动,公司持有的燃油期货合约公允价值变动对公司下一年利润总额的影响如下:

如果燃油市场价格上升 10%,燃油期货合约公允价值变动会导致公司下一年利润总额增加 8 亿元,增加额占利润总额的 10.4%;如果燃油市场价格下降 10%,燃油期货合约公允价值变动会导致公司下一年利润总额减少 8 亿元,损失额占利润总额的 10.4%。

三、问题

根据以上实验材料,请您按顺序回答下面的问题,当您回答后面的问题时,请不要返回修改前面的回答,请您在认为最恰当的分值上打"√"。

1. 您认为,ABC 公司的投资吸引力有多大?

　0　　1　　2　　3　　4　　5　　6　　7　　8　　9　　10

非常小　　　　　　　　　　　　　　　　　　　非常大

2. 在作出上述关于投资吸引力的判断时,您的自信程度如何?

　0　　1　　2　　3　　4　　5　　6　　7　　8　　9　　10

不自信　　　　　　　　　　　　　　　　　　　非常自信

3. 从整体来看,您认为投资 ABC 公司的风险有多大?

　0　　1　　2　　3　　4　　5　　6　　7　　8　　9　　10

风险很小　　　　　　　　　　　　　　　　　　风险很大

4. 从整体来看,您认为 ABC 公司未来燃油价格上升的风险有多大?

　0　　1　　2　　3　　4　　5　　6　　7　　8　　9　　10

风险很小　　　　　　　　　　　　　　　　　　风险很大

5. 您认为,ABC 公司未来净利润的波动程度有多大?

　0　　1　　2　　3　　4　　5　　6　　7　　8　　9　　10

波动很小　　　　　　　　　　　　　　　　　　波动很大

6. 您认为,ABC 公司未来的盈利潜力有多大?

    0　　1　　2　　3　　4　　5　　6　　7　　8　　9　　10

    潜力很小　　　　　　　　　　　　　　　　　潜力很大

7. 您认为,在多大程度上 ABC 公司明确陈述了所面临的风险?

    0　　1　　2　　3　　4　　5　　6　　7　　8　　9　　10

    不明确　　　　　　　　　　　　　　　　　非常明确

8. 您认为,在多大程度上 ABC 公司管理层能够控制公司所面临的燃油价格波动风险?

    0　　1　　2　　3　　4　　5　　6　　7　　8　　9　　10

    不能控制　　　　　　　　　　　　　　　完全能控制

9. 您认为,ABC 公司披露的燃油价格波动风险信息的可靠性如何?

    0　　1　　2　　3　　4　　5　　6　　7　　8　　9　　10

    不可靠　　　　　　　　　　　　　　　　非常可靠

10. 您认为 ABC 公司管理层的胜任能力如何?

    0　　1　　2　　3　　4　　5　　6　　7　　8　　9　　10

    不能胜任　　　　　　　　　　　　　　　非常胜任

11. 您认为,ABC 公司披露的风险信息在多大程度上有助于您对公司的风险进行评价?

    0　　1　　2　　3　　4　　5　　6　　7　　8　　9　　10

    没有帮助　　　　　　　　　　　　　　　帮助很大

12. 您认为,ABC 公司披露的风险信息对您的投资决策有多大影响?

    0　　1　　2　　3　　4　　5　　6　　7　　8　　9　　10

    没有影响　　　　　　　　　　　　　　　影响很大

13. 本案例中,ABC 公司是否披露了燃油价格波动风险的定量信息?请在您认为正确的括号内打"√"。

    〔　　〕是　　　　　　　〔　　〕否

14. a. 在本案例中,ABC 公司是否利用燃油期货合约进行套期保值,以降低燃油价格波动风险?

[　　]是　　　　　[　　]否

　b. 如果你对 14.a 的回答为"是",那么 ABC 公司会利用燃油期货合

　　约对[　　]预期购买的燃油进行套期保值。

　　　[　　]一小部分　　　　[　　]一大部分

15. 您对金融工具及其衍生品的熟悉程度如何?

　　0　1　2　3　4　5　6　7　8　9　10

　　不熟悉　　　　　　　　　　　　　　　　十分熟悉

人口统计信息

1. 您的性别是 □男　□女。

2. 您的年龄是____岁。

3. 您以前是否投资过股市? □是　□否

4. 如果投资过股市,您有多少年投资经验? ____年____月

5. 如果未投资过股市,您是否准备投资股市? □是　□否

6. 您曾经学过多少门财务和会计课程? ____

7. 您参加工作已经有多少年了? ____年____月

8. 您是否从事过会计工作? □是　□否

实验材料 C

知情同意书

尊敬的女士/先生：

您好，欢迎您参与本次调查！

本调查与投资者的投资判断和决策有关，整个实验过程需要约20分钟时间。

在本调查中，假设您是 ABC 公司的一位潜在投资者，在阅读完一些关于 ABC 公司的风险信息之后，需要您对几个与投资决策有关的问题作出自己的判断。

请您根据我们提供的信息作出判断，答案没有正确与错误之分。请独立完成各个问题，我们保证对您的回答严格保密。

本调查完全秉承自愿原则，您可以随时退出，且不会受到任何处罚。您在回答的过程中如有任何问题，请随时向我们提问，感谢您的参与！

同意以下内容请打"√"：

我已经阅读知情同意书，并同意参与本研究；

我了解我可以随时退出本研究，不会受到任何处罚；

我了解我将在本研究结束时收到知情同意书的副本。

您的姓名：＿＿＿＿＿＿＿＿＿　　　E-mail：＿＿＿＿＿＿＿＿＿

　　签名：＿＿＿＿＿＿＿＿＿　　　日期：＿＿＿＿＿＿＿＿＿

＿＿＿＿＿＿＿＿＿＿＿　　＿＿＿＿＿＿＿＿＿　　＿＿＿＿＿＿＿

执行同意书的研究者/　　　　　　签名　　　　　　　　日期

　　人员姓名

案例材料

一、背景信息

公司概况：ABC 公司是一家上市公司，公司主要从事航空客运、货运、邮运、行李运输、国内外公务飞行等相关服务。ABC 公司构建了比较密集的航线网络，拥有较为充裕、稳定的客源。

行业状况：随着国内民航运输市场的逐步开放，航空运输业的竞争将更加激烈。但国际市场的逐步恢复和国内市场需求的持续回升，使得航空运输市场需求快速增长，为航空业上市公司提供了良好的发展机遇。ABC 公司的简要资产负债表和简要利润表，分别如表 5、表 6 所示。

表 5　ABC 公司简要资产负债表

单位：百万元

年度	2013 年	2012 年	2011 年
资产：			
流动资产	4 456	4 227	4 345
固定资产	13 389	12 766	13 127
资产总计	17 845	16 993	17 472
负债：			
流动负债	5 676	4 650	4 533
非流动负债	5 125	5 767	5 673
负债合计	10 801	10 417	10 206
股东权益	7 044	6 576	7 266

表 6　ABC 公司简要利润表

单位：百万元

年度	2013 年	2012 年	2011 年
营业收入	12 078	12 307	11 712
营业成本	11 112	11 436	10 759

（续表）

年度	2013 年	2012 年	2011 年
营业利润	966	871	953
利息收入（费用）	(175.5)	(167)	(170.8)
其他收益（损失）	(80)	(75.7)	(78)
利润总额	710.5	628.3	704.2
所得税费用	273.5	232.3	272.2
净利润	437	396	432
每股收益（元）	0.562	0.497	0.557

二、风险信息

您在阅读 ABC 公司 2013 年年报时发现以下信息。

1. 燃油价格波动风险

燃油是 ABC 公司最主要的成本支出。过去三年中,燃油成本约占公司每年营业成本的 36%。公司 2011 年、2012 年和 2013 年的燃油消耗量分别约为 1 257 百万加仑、1 243 百万加仑和 1 250 百万加仑。燃油的价格会受到市场、政治、经济等不可控因素的影响。在过去几年,燃油价格波动幅度较高。虽然本公司已采取各种措施控制单位燃油成本,降低燃油消耗量,但如果未来燃油价格出现大幅波动,公司的经营业绩仍然会受到较大影响。

ABC 公司预计,在其他因素保持不变的情况下,基于对下一年燃油消耗量的估计,燃油市场价格波动对公司下一年利润总额的影响如下(不包括燃油期货合约的影响):

如果燃油市场价格上升,公司下一年利润总额减少;如果燃油市场价格下降,公司下一年利润总额增加。

2. 用于套期保值的燃油期货合约风险

为了降低上述燃油价格波动带来的风险,ABC 公司使用商品期货——燃油期货合约对一大部分预期采购的燃油进行套期保值。

燃油市场价格上升会导致燃油期货合约的公允价值上升,增加公司利润总额;燃油市场价格下降会导致燃油期货合约的公允价值下降,减少公司利润总额。ABC 公司预计,在其他因素保持不变的情况下,由于燃油市场价格波动,公司持有的燃油期货合约公允价值变动对公司下一年利润总额的影响如下:

　　如果燃油市场价格上升 10%,燃油期货合约公允价值变动会导致公司下一年利润总额增加 3.1 亿元,增加额占利润总额的 40.4%;如果燃油市场价格下降 10%,燃油期货合约公允价值变动会导致公司下一年利润总额减少 3.1 亿元,损失额占利润总额的 40.4%。

三、问题

　　根据以上实验材料,请您按顺序回答下面的问题,当您回答后面的问题时,请不要返回修改前面的回答,请您在认为最恰当的分值上打"√"。

　　1. 您认为,ABC 公司的投资吸引力有多大?

　　　　0　　1　　2　　3　　4　　5　　6　　7　　8　　9　　10
　　　　非常小　　　　　　　　　　　　　　　　　　　　非常大

　　2. 在作出上述关于投资吸引力的判断时,您的自信程度如何?

　　　　0　　1　　2　　3　　4　　5　　6　　7　　8　　9　　10
　　　　不自信　　　　　　　　　　　　　　　　　　　　非常自信

　　3. 从整体来看,您认为投资 ABC 公司的风险有多大?

　　　　0　　1　　2　　3　　4　　5　　6　　7　　8　　9　　10
　　　　风险很小　　　　　　　　　　　　　　　　　　　风险很大

　　4. 从整体来看,您认为 ABC 公司未来燃油价格上升的风险有多大?

　　　　0　　1　　2　　3　　4　　5　　6　　7　　8　　9　　10
　　　　风险很小　　　　　　　　　　　　　　　　　　　风险很大

　　5. 您认为,ABC 公司未来净利润的波动程度有多大?

　　　　0　　1　　2　　3　　4　　5　　6　　7　　8　　9　　10
　　　　波动很小　　　　　　　　　　　　　　　　　　　波动很大

6. 您认为, ABC 公司未来的盈利潜力有多大?

0　　1　　2　　3　　4　　5　　6　　7　　8　　9　　10

潜力很小　　　　　　　　　　　　　　　　潜力很大

7. 您认为, 在多大程度上 ABC 公司明确陈述了所面临的风险?

0　　1　　2　　3　　4　　5　　6　　7　　8　　9　　10

不明确　　　　　　　　　　　　　　　　非常明确

8. 您认为, 在多大程度上 ABC 公司管理层能够控制公司所面临的燃油价格波动风险?

0　　1　　2　　3　　4　　5　　6　　7　　8　　9　　10

不能控制　　　　　　　　　　　　　　　完全能控制

9. 您认为, ABC 公司披露的燃油价格波动风险信息的可靠性如何?

0　　1　　2　　3　　4　　5　　6　　7　　8　　9　　10

不可靠　　　　　　　　　　　　　　　　非常可靠

10. 您认为 ABC 公司管理层的胜任能力如何?

0　　1　　2　　3　　4　　5　　6　　7　　8　　9　　10

不能胜任　　　　　　　　　　　　　　　非常胜任

11. 您认为, ABC 公司披露的风险信息在多大程度上有助于您对公司的风险进行评价?

0　　1　　2　　3　　4　　5　　6　　7　　8　　9　　10

没有帮助　　　　　　　　　　　　　　　帮助很大

12. 您认为, ABC 公司披露的风险信息对您的投资决策有多大影响?

0　　1　　2　　3　　4　　5　　6　　7　　8　　9　　10

没有影响　　　　　　　　　　　　　　　影响很大

13. 本案例中, ABC 公司是否披露了燃油价格波动风险的定量信息? 请在您认为正确的括号内打 "√"。

〔　　〕是　　　　　　　〔　　〕否

14. a. 在本案例中, ABC 公司是否利用燃油期货合约进行套期保值, 以降低燃油价格波动风险?

[　　]是　　　　　　[　　]否

b. 如果你对 14.a 的回答为"是",那么 ABC 公司会利用燃油期货合

约对[　　]预期购买的燃油进行套期保值。

[　　]一小部分　　　　[　　]一大部分

15. 您对金融工具及其衍生品的熟悉程度如何?

0　　1　　2　　3　　4　　5　　6　　7　　8　　9　　10

不熟悉　　　　　　　　　　　　　　　　　十分熟悉

人口统计信息

1. 您的性别是 □男　□女。

2. 您的年龄是＿＿＿岁。

3. 您以前是否投资过股市? □是　□否

4. 如果投资过股市,您有多少年投资经验? ＿＿＿年＿＿＿月

5. 如果未投资过股市,您是否准备投资股市? □是　□否

6. 您曾经学过多少门财务和会计课程? ＿＿＿＿＿

7. 您参加工作已经有多少年了? ＿＿＿年＿＿＿月

8. 您是否从事过会计工作? □是　□否

实验材料 D

知情同意书

尊敬的女士/先生：

您好，欢迎您参与本次调查！

本调查与投资者的投资判断和决策有关，整个过程需要约20分钟时间。

在本调查中，假设您是 ABC 公司的一位潜在投资者，在阅读完一些关于 ABC 公司的风险信息之后，需要您对几个与投资决策有关的问题作出自己的判断。

请您根据我们提供的信息作出判断，答案没有正确与错误之分。请独立完成各个问题，我们保证对您的回答严格保密。

本调查完全秉承自愿原则，您可以随时退出，且不会受到任何处罚。您在回答的过程中如有任何问题，请随时向我们提问，感谢您的参与！

若同意以下内容，请在方框中打"√"：

☐ 我已经阅读知情同意书，并同意参与本研究；

☐ 我了解我可以随时退出本研究，不会受到任何处罚；

☐ 我了解我将在本研究结束时收到知情同意书的副本。

您的姓名：_____   E-mail：_____

　　签名：_____   日期：_____

_____

执行同意书的研究者/　　　　　　　签名　　　　　　　日期

　　人员姓名

案例材料

一、背景信息

公司概况:ABC 公司是一家上市公司,公司主要从事航空客运、货运、邮运、行李运输、国内外公务飞行等相关服务。ABC 公司构建了比较密集的航线网络,拥有较为充裕、稳定的客源。

行业状况:随着国内民航运输市场的逐步开放,航空运输业的竞争将更加激烈。但国际市场的逐步恢复和国内市场需求的持续回升,使航空运输市场需求快速增长,为航空业上市公司提供了良好的发展机遇。ABC 公司的简要资产负债表和简要利润表,分别如表 7、表 8 所示。

表 7　ABC 公司简要资产负债表

单位:百万元

年度	2013 年	2012 年	2011 年
资产:			
流动资产	4 456	4 227	4 345
固定资产	13 389	12 766	13 127
资产总计	17 845	16 993	17 472
负债:			
流动负债	5 676	4 650	4 533
非流动负债	5 125	5 767	5 673
负债合计	10 801	10 417	10 206
股东权益	7 044	6 576	7 266

表 8　ABC 公司简要利润表

单位:百万元

年度	2013 年	2012 年	2011 年
营业收入	12 078	12 307	11 712
营业成本	11 112	11 436	10 759

（续表）

年度	2013 年	2012 年	2011 年
营业利润	966	871	953
利息收入（费用）	(175.5)	(167)	(170.8)
其他收益（损失）	(80)	(75.7)	(78)
利润总额	710.5	628.3	704.2
所得税费用	273.5	232.3	272.2
净利润	437	396	432
每股收益（元）	0.562	0.497	0.557

二、风险信息

您在阅读 ABC 公司 2013 年年报时发现以下信息。

1. 燃油价格波动风险

燃油是 ABC 公司最主要的成本支出。过去三年中，燃油成本约占公司每年营业成本的 36%。公司 2011 年、2012 年和 2013 年的燃油消耗量分别约为 1 257 百万加仑、1 243 百万加仑和 1 250 百万加仑。燃油的价格会受到市场、政治、经济等不可控因素的影响。在过去几年，燃油价格波动幅度较高。虽然本公司已采取各种措施控制单位燃油成本，降低燃油消耗量，但如果未来燃油价格出现大幅波动，公司的经营业绩仍然会受到较大影响。

ABC 公司预计，在其他因素保持不变的情况下，基于对下一年燃油消耗量的估计，燃油市场价格波动对公司下一年利润总额的影响如下（不包括燃油期货合约的影响）：

如果燃油市场价格上升，公司下一年利润总额减少；如果燃油市场价格下降，公司下一年利润总额增加。

2. 用于套期保值的燃油期货合约风险

为了降低上述燃油价格波动带来的风险，ABC 公司使用商品期货——燃油期货合约对一小部分预期采购的燃油进行套期保值。

燃油市场价格上升会导致燃油期货合约的公允价值上升,增加公司利润总额;燃油市场价格下降会导致燃油期货合约的公允价值下降,减少公司利润总额。ABC 公司预计,在其他因素保持不变的情况下,由于燃油市场价格波动,公司持有的燃油期货合约公允价值变动对公司下一年利润总额的影响如下:

　　如果燃油市场价格上升 10%,燃油期货合约公允价值变动会导致公司下一年利润总额增加 8 亿元,增加额占利润总额的 10.4%;如果燃油市场价格下降 10%,燃油期货合约公允价值变动会导致公司下一年利润总额减少 8 亿元,损失额占利润总额的 10.4%。

三、需要回答的问题

　　根据以上实验材料,请您按顺序回答下面的问题,当您回答后面的问题时,请不要返回修改前面的回答,请您在认为最恰当的分值上打"√"。

1. 您认为,ABC 公司的投资吸引力有多大?

　　0　　1　　2　　3　　4　　5　　6　　7　　8　　9　　10
　　非常小　　　　　　　　　　　　　　　　　　　非常大

2. 在作出上述关于投资吸引力的判断时,您的自信程度如何?

　　0　　1　　2　　3　　4　　5　　6　　7　　8　　9　　10
　　不自信　　　　　　　　　　　　　　　　　　　非常自信

3. 从整体来看,您认为投资 ABC 公司的风险有多大?

　　0　　1　　2　　3　　4　　5　　6　　7　　8　　9　　10
　　风险很小　　　　　　　　　　　　　　　　　　风险很大

4. 从整体来看,您认为 ABC 公司未来燃油价格上升的风险有多大?

　　0　　1　　2　　3　　4　　5　　6　　7　　8　　9　　10
　　风险很小　　　　　　　　　　　　　　　　　　风险很大

5. 您认为,ABC 公司未来净利润的波动程度有多大?

　　0　　1　　2　　3　　4　　5　　6　　7　　8　　9　　10

波动很小   波动很大

6. 您认为,ABC公司未来的盈利潜力有多大?

   0   1   2   3   4   5   6   7   8   9   10

   潜力很小   潜力很大

7. 您认为,在多大程度上ABC公司明确陈述了所面临的风险?

   0   1   2   3   4   5   6   7   8   9   10

   不明确   非常明确

8. 您认为,在多大程度上ABC公司管理层能够控制公司所面临的燃油价格波动风险?

   0   1   2   3   4   5   6   7   8   9   10

   不能控制   完全能控制

9. 您认为,ABC公司披露的燃油价格波动风险信息的可靠性如何?

   0   1   2   3   4   5   6   7   8   9   10

   不可靠   非常可靠

10. 您认为ABC公司管理层的胜任能力如何?

    0   1   2   3   4   5   6   7   8   9   10

    不能胜任   非常胜任

11. 您认为,ABC公司披露的风险信息在多大程度上有助于您对公司的风险进行评价?

    0   1   2   3   4   5   6   7   8   9   10

    没有帮助   帮助很大

12. 您认为,ABC公司披露的风险信息对您的投资决策有多大影响?

    0   1   2   3   4   5   6   7   8   9   10

    没有影响   影响很大

13. 在本案例中,ABC公司是否披露了燃油价格波动风险的定量信息?请在您认为正确的括号内打"√"。

    〔   〕是   〔   〕否

14. a. 在本案例中,ABC公司是否利用燃油期货合约进行套期保值,以降低燃油价格波动风险？

　　　[　　]是　　　　　　[　　]否

　b. 如果你对14.a的回答为"是"，那么ABC公司会利用燃油期货合

　　约对[　　]预期购买的燃油进行套期保值。

　　　[　　]一小部分　　　　[　　]一大部分

15. 您对金融工具及其衍生品的熟悉程度如何？

　　0　　1　　2　　3　　4　　5　　6　　7　　8　　9　　10

　　不熟悉　　　　　　　　　　　　　　　　十分熟悉

人口统计信息

1. 您的性别是 □男　□女。

2. 您的年龄是＿＿＿岁。

3. 您以前是否投资过股市？□是　□否

4. 如果投资过股市，您有多少年投资经验？＿＿＿年＿＿＿月

5. 如果未投资过股市，您是否准备投资股市？□是　□否

6. 您曾经学过多少门财务和会计课程？＿＿＿＿＿

7. 您参加工作已经有多少年了？＿＿＿年＿＿＿月

8. 您是否从事过会计工作？□是　□否

实验材料 E

知情同意书

尊敬的女士/先生：

您好，欢迎您参与本次调查！

本调查与投资者的投资判断和决策有关，整个过程需要约20分钟时间。

在本调查中，假设您是 ABC 公司的一位潜在投资者，在阅读完一些关于 ABC 公司的风险信息之后，需要您对几个与投资决策有关的问题作出自己的判断。

请您根据我们提供的信息作出判断，答案没有正确与错误之分。请独立完成各个问题，我们保证对您的回答严格保密。

本调查完全秉承自愿原则，您可以随时退出，且不会受到任何处罚。您在回答问题的过程中如有任何问题，请随时向我们提问，感谢您的参与！

若同意以下内容，请在方框中打"√"：

☐ 我已经阅读知情同意书，并同意参与本研究；

☐ 我了解我可以随时退出本研究，不会受到任何处罚；

☐ 我了解我将在本研究结束时收到知情同意书的副本

您的姓名：＿＿＿＿＿＿＿＿　　　　E-mail：＿＿＿＿＿＿＿＿

签名：＿＿＿＿＿＿＿＿　　　　　　日期：＿＿＿＿＿＿＿＿

―――――――――――――――

执行同意书的研究者/　　　　　　签名　　　　　　　日期
　　人员姓名

案例材料

一、背景信息

公司概况：ABC 公司是一家上市公司，公司主要从事航空客运、货运、邮运、行李运输、国内外公务飞行等相关服务。ABC 公司构建了比较密集的航线网络，拥有较为充裕、稳定的客源。

行业状况：随着国内民航运输市场的逐步开放，航空运输业的竞争将更加激烈。但国际市场的逐步恢复和国内市场需求的持续回升，使航空运输市场需求快速增长，为航空业上市公司提供了良好的发展机遇。ABC 公司的简要资产负债表和简要利润表，分别如表 9、表 10 所示。

表 9　ABC 公司简要资产负债表

单位：百万元

年度	2013 年	2012 年	2011 年
资产：			
流动资产	4 456	4 227	4 345
固定资产	13 389	12 766	13 127
资产总计	17 845	16 993	17 472
负债：			
流动负债	5 676	4 650	4 533
非流动负债	5 125	5 767	5 673
负债合计	10 801	10 417	10 206
股东权益	7 044	6 576	7 266

表 10　ABC 公司简要利润表

单位：百万元

年度	2013 年	2012 年	2011 年
营业收入	12 078	12 307	11 712
营业成本	11 112	11 436	10 759

(续表)

年度	2013 年	2012 年	2011 年
营业利润	966	871	953
利息收入(费用)	(175.5)	(167)	(170.8)
其他收益(损失)	(80)	(75.7)	(78)
利润总额	710.5	628.3	704.2
所得税费用	273.5	232.3	272.2
净利润	437	396	432
每股收益(元)	0.562	0.497	0.557

二、风险信息

您在阅读 ABC 公司 2013 年年报时发现以下信息。

燃油价格波动风险

燃油是 ABC 公司最主要的成本支出。在过去三年中,燃油成本约占公司每年营业成本的 36%。公司 2011 年、2012 年和 2013 年的燃油消耗量分别约为 1 257 百万加仑、1 243 百万加仑和 1 250 百万加仑。燃油的价格会受到市场、政治、经济等不可控因素的影响。在过去几年,燃油价格波动幅度较高。虽然本公司已采取各种措施控制单位燃油成本,降低燃油消耗量,但如果未来燃油价格出现大幅波动,公司的经营业绩仍然会受到较大影响。

ABC 公司预计,在其他因素保持不变的情况下,基于对下一年燃油消耗量的估计,燃油市场价格波动对公司下一年利润总额的影响如下:

如果燃油市场价格上升 10%,公司下一年利润总额减少 4 亿元,损失额占利润总额的 52.2%;如果燃油市场价格下降 10%,公司下一年利润总额增加 4 亿元,增加额占利润总额的 52.2%。

三、需要回答的问题

根据以上实验材料,请您按顺序回答下面的问题,当您回答后面的问题时,请不要返回修改前面的回答,请您在认为最恰当的分值上打"√"。

　1. 您认为,ABC 公司的投资吸引力有多大?

　　　0　　1　　2　　3　　4　　5　　6　　7　　8　　9　　10
　　　非常小　　　　　　　　　　　　　　　　　　非常大

　2. 在作出上述关于投资吸引力的判断时,您的自信程度如何?

　　　0　　1　　2　　3　　4　　5　　6　　7　　8　　9　　10
　　　不自信　　　　　　　　　　　　　　　　　　非常自信

　3. 从整体来看,您认为投资 ABC 公司的风险有多大?

　　　0　　1　　2　　3　　4　　5　　6　　7　　8　　9　　10
　　　风险很小　　　　　　　　　　　　　　　　　风险很大

　4. 从整体来看,您认为 ABC 公司未来燃油价格上升的风险有多大?

　　　0　　1　　2　　3　　4　　5　　6　　7　　8　　9　　10
　　　风险很小　　　　　　　　　　　　　　　　　风险很大

　5. 您认为,ABC 公司未来净利润的波动程度有多大?

　　　0　　1　　2　　3　　4　　5　　6　　7　　8　　9　　10
　　　波动很小　　　　　　　　　　　　　　　　　波动很大

　6. 您认为,ABC 公司未来的盈利潜力有多大?

　　　0　　1　　2　　3　　4　　5　　6　　7　　8　　9　　10
　　　潜力很小　　　　　　　　　　　　　　　　　潜力很大

　7. 您认为,在多大程度上 ABC 公司明确陈述了所面临的风险?

　　　0　　1　　2　　3　　4　　5　　6　　7　　8　　9　　10
　　　不明确　　　　　　　　　　　　　　　　　　非常明确

　8. 您认为,在多大程度上 ABC 公司管理层能够控制公司所面临的燃
　　　油价格波动风险?

　　　0　　1　　2　　3　　4　　5　　6　　7　　8　　9　　10
　　　不能控制　　　　　　　　　　　　　　　　完全能控制

　9. 您认为,ABC 公司披露的燃油价格波动风险信息的可靠性如何?

0   1   2   3   4   5   6   7   8   9   10

不可靠   非常可靠

10. 您认为 ABC 公司管理层的胜任能力如何？

0   1   2   3   4   5   6   7   8   9   10

不能胜任   非常胜任

11. 您认为，ABC 公司披露的风险信息在多大程度上有助于您对公司的风险进行评价？

0   1   2   3   4   5   6   7   8   9   10

没有帮助   帮助很大

12. 您认为，ABC 公司披露的风险信息对您的投资决策有多大影响？

0   1   2   3   4   5   6   7   8   9   10

没有影响   影响很大

13. 在本案例中，ABC 公司是否披露了燃油价格波动风险的定量信息？请在您认为正确的括号内打"√"。

〔   〕是   〔   〕否

14. a. 在本案例中，ABC 公司是否利用燃油期货合约进行套期保值，以降低燃油价格波动风险？

〔   〕是   〔   〕否

b. 如果你对 14.a 的回答为"是"，那么 ABC 公司会利用燃油期货合约对〔   〕预期购买的燃油进行套期保值。

〔   〕一小部分   〔   〕一大部分

15. 您对金融工具及其衍生品的熟悉程度如何？

0   1   2   3   4   5   6   7   8   9   10

一点也不熟悉   十分熟悉

人口统计信息

1. 您的性别是 □男 □女。

2. 您的年龄是____岁。

3. 您以前是否投资过股市？□是　□否

4. 如果投资过股市，您有多少年投资经验？____年____月

5. 如果未投资过股市，您是否准备投资股市？□是　□否

6. 您曾经学过多少门财务和会计课程？_____

7. 您参加工作已经有多少年了？____年____月

8. 您是否从事过会计工作？□是　□否

实验材料 F

知情同意书

尊敬的女士/先生：

您好，欢迎您参与本次调查！

本调查与投资者的投资判断和决策有关，整个过程需要约 20 分钟时间。

在本调查中，假设您是 ABC 公司的一位潜在投资者，在阅读完一些关于 ABC 公司的风险信息之后，需要您对几个与投资决策有关的问题作出自己的判断。

请您根据我们提供的信息作出判断，答案没有正确与错误之分。请独立完成各个问题，我们保证对您的回答严格保密。

本调查完全秉承自愿原则，您可以随时退出，且不会受到任何处罚。您在回答的过程中如有任何问题，请随时向我们提问，感谢您的参与！

若同意以下内容，请在方框中打"√"：

□ 我已经阅读知情同意书，并同意参与本研究；

□ 我了解我可以随时退出本研究，不会受到任何处罚；

□ 我了解我将在本研究结束时收到知情同意书的副本。

您的姓名：_____ E-mail：_____

签名：_____ 日期：_____

_____ _____ _____

执行同意书的研究者/ 签名 日期

人员姓名

案例材料

一、背景信息

公司概况:ABC 公司是一家上市公司,公司主要从事航空客运、货运、邮运、行李运输、国内外公务飞行等相关服务。ABC 公司构建了比较密集的航线网络,拥有较为充裕、稳定的客源。

行业状况:随着国内民航运输市场的逐步开放,航空运输业的竞争将更加激烈。但国际市场的逐步恢复和国内市场需求的持续回升,使航空运输市场需求快速增长,为航空业上市公司提供了良好的发展机遇。ABC 公司的简要资产负债表和简要利润表,分别如表 11、表 12 所示。

表 11　ABC 公司简要资产负债表

单位:百万元

年度	2013 年	2012 年	2011 年
资产:			
流动资产	4 456	4 227	4 345
固定资产	13 389	12 766	13 127
资产总计	17 845	16 993	17 472
负债:			
流动负债	5 676	4 650	4 533
非流动负债	5 125	5 767	5 673
负债合计	10 801	10 417	10 206
股东权益	7 044	6 576	7 266

表 12　ABC 公司简要利润表

单位:百万元

年度	2013 年	2012 年	2011 年
营业收入	12 078	12 307	11 712
营业成本	11 112	11 436	10 759

（续表）

年度	2013 年	2012 年	2011 年
营业利润	966	871	953
利息收入（费用）	(175.5)	(167)	(170.8)
其他收益（损失）	(80)	(75.7)	(78)
利润总额	710.5	628.3	704.2
所得税费用	273.5	232.3	272.2
净利润	437	396	432
每股收益（元）	0.562	0.497	0.557

二、风险信息

您在阅读 ABC 公司 2013 年年报时发现以下信息。

燃油价格波动风险

燃油是 ABC 公司最主要的成本支出。过去三年中，燃油成本约占公司每年营业成本的 36％。公司 2011 年、2012 年和 2013 年的燃油消耗量分别约为 1 257 百万加仑、1 243 百万加仑和 1 250 百万加仑。燃油的价格会受到市场、政治、经济等不可控因素的影响。在过去几年，燃油价格波动幅度较高。虽然本公司已采取各种措施控制单位燃油成本，降低燃油消耗量，但如果未来燃油价格出现大幅波动，公司的经营业绩仍然会受到较大影响。

ABC 公司预计，在其他因素保持不变的情况下，基于对下一年燃油消耗量的估计，燃油市场价格波动对公司下一年利润总额的影响如下：

如果燃油市场价格上升，公司下一年利润总额减少；如果燃油市场价格下降，公司下一年利润总额增加。

三、需要回答的问题

根据以上实验材料，请您按顺序回答下面的问题，当您回答后面的问题时，请不要返回修改前面的回答，请您在认为最恰当的分值上打"√"。

1. 您认为,ABC 公司的投资吸引力有多大?

　　0　　1　　2　　3　　4　　5　　6　　7　　8　　9　　10

　　非常小　　　　　　　　　　　　　　　　　非常大

2. 在作出上述关于投资吸引力的判断时,您的自信程度如何?

　　0　　1　　2　　3　　4　　5　　6　　7　　8　　9　　10

　　不自信　　　　　　　　　　　　　　　　　非常自信

3. 从整体来看,您认为投资 ABC 公司的风险有多大?

　　0　　1　　2　　3　　4　　5　　6　　7　　8　　9　　10

　　风险很小　　　　　　　　　　　　　　　　风险很大

4. 从整体来看,您认为 ABC 公司未来燃油价格上升的风险有多大?

　　0　　1　　2　　3　　4　　5　　6　　7　　8　　9　　10

　　风险很小　　　　　　　　　　　　　　　　风险很大

5. 您认为,ABC 公司未来净利润的波动程度有多大?

　　0　　1　　2　　3　　4　　5　　6　　7　　8　　9　　10

　　波动很小　　　　　　　　　　　　　　　　波动很大

6. 您认为,ABC 公司未来的盈利潜力有多大?

　　0　　1　　2　　3　　4　　5　　6　　7　　8　　9　　10

　　潜力很小　　　　　　　　　　　　　　　　潜力很大

7. 您认为,在多大程度上 ABC 公司明确陈述了所面临的风险?

　　0　　1　　2　　3　　4　　5　　6　　7　　8　　9　　10

　　不明确　　　　　　　　　　　　　　　　　非常明确

8. 您认为,在多大程度上 ABC 公司管理层能够控制公司所面临的燃油价格波动风险?

　　0　　1　　2　　3　　4　　5　　6　　7　　8　　9　　10

　　不能控制　　　　　　　　　　　　　　　　完全能控制

9. 您认为,ABC 公司披露的燃油价格波动风险信息的可靠性如何?

0   1   2   3   4   5   6   7   8   9   10

不可靠   非常可靠

10. 您认为 ABC 公司管理层的胜任能力如何？

0   1   2   3   4   5   6   7   8   9   10

不能胜任   非常胜任

11. 您认为，ABC 公司披露的风险信息在多大程度上有助于您对公司的风险进行评价？

0   1   2   3   4   5   6   7   8   9   10

没有帮助   帮助很大

12. 您认为，ABC 公司披露的风险信息对您的投资决策有多大影响？

0   1   2   3   4   5   6   7   8   9   10

没有影响   影响很大

13. 在本案例中，ABC 公司是否披露了燃油价格波动风险的定量信息？请在您认为正确的括号内打"√"。

[   ] 是   [   ] 否

14. a. 在本案例中，ABC 公司是否利用燃油期货合约进行套期保值，以降低燃油价格波动风险？

[   ] 是   [   ] 否

b. 如果你对 14.a 的回答为"是"，那么 ABC 公司会利用燃油期货合约对[   ]预期购买的燃油进行套期保值。

[   ] 一小部分   [   ] 一大部分

15. 您对金融工具及其衍生品的熟悉程度如何？

0   1   2   3   4   5   6   7   8   9   10

不熟悉   十分熟悉

人口统计信息

1. 您的性别是 □男   □女。

2. 您的年龄是＿＿＿岁。

3. 您以前是否投资过股市? □是　□否

4. 如果投资过股市,您有多少年投资经验? ＿＿年＿＿月

5. 如果未投资过股市,您是否准备投资股市? □是　□否

6. 您曾经学过多少门财务和会计课程? ＿＿＿＿

7. 您参加工作已经有多少年了? ＿＿年＿＿月

8. 您是否从事过会计工作? □是　□否